Boss Love

Submission

Boss Love - Submission

»Ich werde nie etwas tun, was Sie nicht auch wollen.«

Mein Boss ist einfach fantastisch. Er respektiert mich so, wie ich bin. Ich beschließe, ihm zu vertrauen und mich der Situation einfach hinzugeben. Das ist es ja, warum ich diesen Job angenommen habe. Diese Sehnsucht danach, ausgeliefert zu sein. Die Lust, dass jemand über mich bestimmt, Objekt zu sein.

Natürlich könnte ich einen besseren Job als diesen bekommen, wäre da nicht meine verdorbene Seite: Ich genieße es, meinen Boss zufrieden zu stellen, in allen Belangen.

Er steht auf Röcke und Strumpfhosen, ohne Höschen. Anfangs ein merkwürdiges Gefühl, gebe ich zu. Doch für meinen Boss tue ich fast alles.

»Ich stehe Ihnen jederzeit zur Verfügung, Hauptsache, Sie sind glücklich.«

MELODY WIDE

BOSS
Love
SUBMISSION

MELODY WIDE

Impressum

Copyright © 2019 Melody Wide
Umschlaggestaltung: © sh-designerin
Verlag und Druck: tredition GmbH, Halenreie 40-44,
22359 Hamburg

ISBN Taschenbuch: 978-3-7497-2164-1
ISBN Hardcover: 978-3-7497-2165-8

Bibliografische Information der Deutschen Nationalbibliothek:
Die Deutsche Nationalbibliothek verzeichnet diese Publikation
in der Deutschen Nationalbibliografie;
detaillierte bibliografische Daten sind im Internet über
http://dnb.d-nb.de abrufbar.

1. Kapitel

Das Vorstellungsgespräch

*I*ch bin nicht verdorben, wirklich nicht. Ich bin auch keine Hure, sondern eine kluge, intelligente, starke, zugegeben bildschöne junge Frau. Ich bin gebildet, habe studiert und unzählige Zusatzausbildungen absolviert. Trotz meiner ausgezeichneten Qualifikationen arbeite ich als einfache Sekretärin.

Natürlich könnte ich einen besseren Job als diesen bekommen, wäre da nicht meine verdorbene Seite: Ich genieße es, meinen Boss zufrieden zu stellen, in allen Belangen. Mir gefällt es, begehrt zu werden.

Mit meinen beruflichen Fähigkeiten könnte ich auch Karriere machen und die dicke Kohle verdienen. Ja, ich könnte so eine richtige Business-Frau werden.

Wäre da nicht die Geilheit. Meine unendliche Geilheit, die mir in den vorherigen Jobs ständig dazwischen gekommen ist. Aber hier kommt nichts dazwischen. Hier kann ich sie ungehemmt ausleben.

Meine Geilheit bedeutet mir alles, selbst auf die Karriere verzichte ich gerne, ohne mit der Wimper zu zucken.

Mein Boss ist einfach fantastisch. Er respektiert mich so, wie ich bin.

Nur, damit es keine Missverständnisse gibt. Es ist nicht meine Absicht, ein Objekt zu sein, sein Objekt. Ich möchte als Frau und Mensch wahrgenommen werden. Als Persönlichkeit.

Aber ich gebe es offen zu: Manchmal genieße ich es trotzdem, nur ein Objekt zu sein, sein Objekt, sein Fick-Objekt. Natürlich ist es meinem Boss nicht entgangen, was ich begehre. Ich denke, deshalb behandelt er mich manchmal so richtig von oben herab, arrogant und erniedrigend.

Trotzdem verzeihe ich ihm alles, denn mein Boss ist ein wahnsinnig gutaussehender Mann. Ende Dreißig, sportlich elegant mit einem dicken Schwanz.

Ja, ich gebe es zu: Oft bin ich schon am Morgen extrem geil, wenn ich vor dem Kleiderschrank stehe und überlege, was ich zur Arbeit anziehen soll.

Auf keinen Fall Hosen, die mag mein Boss nicht.

Die hat er mir verboten. Er steht auf Röcke und Strumpfhosen.

Das bemerke ich sofort beim Vorstellungsgespräch. Ich trage die Seidenstrumpfhose mit den kleinen Pünktchen drauf.

»Schön Frau Zimmer, dass Sie sich dafür entschieden haben«, tönt er und ich weiß im ersten Augenblick nicht, was er meint. Den neuen Job oder die Wahl der Strumpfhose. Das klärt sich jedoch sofort auf. Die gierigen Blicke, die Hand, die unter meinen kurzen schwarzen Rock kriecht ...

»Ich freue mich außerordentlich über Ihre Wahl. Zur Arbeit erscheinen Sie dann aber bitte ohne etwas darunter.«

»Wie Sie es wünschen, Boss«, säusel ich schüchtern.

Als er mich anschließend dazu auffordert, die

Strumpfhose und den Slip auszuziehen, schäme ich mich zuerst etwas. Schlimmer wird es, als er mir befiehlt, meinen Rock hochzuziehen, um ihm mein Möschen zu präsentieren. Ich zögere und das Blut schießt mir in den Kopf.

»Was ist denn nun, Frau Zimmer?« Ungeduldig rutscht er auf seinem Bürostuhl hin und her. »Wollen Sie jetzt den Job oder nicht?«

Ich überlege. Ist das jetzt eine Aufnahmeprüfung? Schließlich tut eine vorbildliche Sekretärin alles, was ihr Boss verlangt.

Also lehne ich mich zurück, spreize die Schamlippen leicht auseinander und führe einen Finger in das Mösen-Loch ein. Dabei beobachte ich meinen zukünftigen Boss, warte auf seine Reaktion.

»Wow, was für eine wunderschöne Muschi«, raunzt er und leckt sich gierig über die Lippen.

Sie gefällt ihm! Die Form, die Größe ... Erleichtert fange ich an, mich zu entspannen. Ich will diesen Job unbedingt. Jetzt fehlt nur noch die Geschmacksprobe.

Kurzerhand zieht mich der Boss vom Stuhl hoch und drückt meinen Körper gegen die Wand. Ich seufze glücklich auf, als er sich hinkniet, meinen Hintern mit seinen starken Händen umfasst, sein Gesicht in meinem Schoß vergräbt und die Möse hauchzart mit der Zungenspitze berührt.

Das Gefühl kann man sich nicht vorstellen ...

Tausendfache Explosionen, Erdbeben, Stromschläge. Und das ist keinesfalls übertrieben. So etwas habe ich noch nie erlebt.

Auch jetzt prickelt es immer noch, wenn ich die Strumpfhose über meine glattrasierte Muschi ziehe und mit der Hand die Schamlippen durch die feine Seide streichel. Ich kann es mir nicht mehr anders vorstellen und will es auch genau so.

2. Kapitel

Mein Traumjob

Ich liebe meinen neuen Job. Geistig bin ich zwar unterfordert, aber meine Arbeitskollegen sind nett und ich kann meine Geilheit ausleben.

Anfangs ist es ein, wie soll ich sagen, etwas merkwürdiges Gefühl, das Höschen einfach wegzulassen. Die Muschi kribbelt und die Feuchtigkeit zwischen meinen Beinen wird nur von den hauchzarten Nylon-Strümpfen aufgefangen.

Inzwischen haben wir morgens ein richtiges Begrüßungsritual: Der Boss leckt meine Muschi ausgiebig durch das dünne Nylon. Herrlich! An welchem anderen Arbeitsplatz gibt es denn so etwas Geiles?

»Ich stehe Ihnen jederzeit zur Verfügung«, säusel ich ihm ins Ohr. »Wenn Sie wollen, dürfen Sie mich auch ficken, ohne zu fragen. Dafür mache ich gerne Überstunden. Hauptsache, Sie sind glücklich.«

Genau das ist mir sehr wichtig. Mein Boss soll Spaß haben. Er soll es in erster Linie für sich tun, das macht mich dann glücklich.

Ich liebe es, wenn er mich anlächelt und lobt, weil ich seinen Prügel so perfekt blase und er nicht genug von meiner glänzenden Möse bekommt.

Vielleicht hört sich das etwas merkwürdig an, aber wenn ich dann in sein strahlendes Gesicht schaue, bekomme ich ein unglaublich warmes Gefühl im Bauch, so richtige Schmetterlinge. Mir macht es jedenfalls sehr viel Freude, andere Leute zu beglücken. Ich gebe gerne.

Meinem Boss bringt diese Art der Zuwendung völlige Entspannung nach einem stressigen Arbeitstag oder Meeting. Wenn ich im Anschluss schnell unter den Besprechungstisch schlüpfe, den Schwanz und die Eier sanft durch die Hände gleiten lasse, die Vorhaut langsam zurückschiebe und den Schwanz mit meinem Mund aufnehme; anfangs hauchzart, dann fester an ihm sauge, lutsche und lecke. Wenn ich sein Glied an meiner Wange, den Augen, den Lippen reibe. Ja, das macht ihn wahnsinnig glücklich. Wenn er mir die angestaute Ladung ins Ge-

sicht spritzt und sie mit den Händen verschmiert ...
Das ist fantastisch.

* * *

Trotz all meiner Geilheit erröte ich hin und wieder,
wenn er mich seine Fick-Lady nennt. Wahrscheinlich, weil er natürlich recht hat damit. Da ist eine
Seite an mir, die alles genau so liebt. Die es liebt,
unterwürfig und willenlos zu sein. Im Job bin ich
dominant. Eine starke Frau. Doch dieser andere Teil
liebt es, der Geilheit zu dienen. Meinem Boss zu
dienen, als Objekt, Fick-Objekt. Ja, ich bin seine
Fick-Lady, für seine Befriedigung zuständig.

* * *

Dieses völlige Ausgeliefertsein, eine wunderbare
Erfahrung. Bei dem Gedanken daran wird mein
Möschen jedes Mal zur Feuchtgrotte. Obwohl ich

mich unterwerfe, fühle ich mich in den Momenten stark und machtvoll. Irgendwie überlegen. Er braucht mich.

Wenn er mich fordernd gegen den Schreibtisch drückt, hastig den Rock hochschiebt, ohne ein Wort zu sagen oder zu fragen. Das treibt meine Geilheit in die Höhe. Wenn er ein Loch in die Seidenstrümpfe reißt und mich einfach benutzt, mein Mösenloch benutzt und das andere auch. Er bestimmt, befiehlt, was ich zu tun habe.

»Mach die Beine breit«, fordert er. »Nimm ihn ganz und lutsch fester«, kommandiert er ein anderes Mal und packt mich an den Haaren. Oder: »Mach es dir, rubbel dich zum Orgasmus.«

Wie gesagt, ich schäme mich manchmal dafür, wenn meine Hand in die Strumpfhose gleitet, die Klit ertastet und sie reibt, während er mich beobachtet. Dabei wichst er seinen Schwanz, spritzt mir auf die schwarzen Nylons, grinst schamlos und brummt: »Du versautes, dreckiges Luder. Fickstück. Mein Fickstück.«

✻ ✻ ✻

Mein Chef macht mir nicht nur wunderschöne Komplimente wie zum Beispiel: »Sie blasen wie eine Göttin« oder »Ich habe noch nie so eine geile, glatte, glänzende Möse durch eine Strumpfhose schimmern sehen.«

Er macht mir auch Geschenke. Zum Teil nicht vollkommen uneigennützig. Die Schokoladetrüffel wären auf seinen Hüften zwar vorteilhafter angelegt als auf meinen, aber die Seidenstrümpfe stehen mir eindeutig besser.

Er hat einen erstklassigen Geschmack, was Sekretärinnen und Strumpfhosen betrifft und er kennt sich mit beidem aus. Mit Frauen und mit Seidenstrümpfen. Welcher Mann versteht schon etwas von DEN und Zwickeln und weiß die Größe der Strumpfhose der Begehrten?

3. Kapitel

Das Diktat

Heute Vormittag ruft er mich zum Diktat. Ja, in diesen Dingen ist er ein wenig altmodisch, obwohl er sich am Computer auskennt und tippen und formulieren kann. Er lehnt es ab, die Schriftsätze selbst zu verfassen. Auch das Diktiergerät sagt ihm nicht zu.

»Das lächelt nicht so verführerisch wie Sie«, meint er. »Und es wird nicht feucht, wenn ich es an den passenden Stellen berühre.«

Er legt also Wert darauf, dass ich mit Stenoblock und Stift erscheine, mich auf den bequemen Sessel setze, die Oberschenkel spreize und er freie Sicht auf meine Nylonmöse hat.

»Oh, welche Überraschung, Madame tragen jetzt Nahtlos. Waren da vorhin nicht Rosen an den Beinen?«, witzelt er und berührt mich mit seinem Feuerzeug.

Extrem langsam fährt er damit die Innenseiten meiner Oberschenkel entlang, immer höher, bis er das magische Dreieck erreicht.

»Halten Sie still«, schnaubt er, als ich vor Erregung zusammenzucke, »und schreiben Sie einfach weiter.«

Dann sagt er lauter Dinge, die mit dem Mandanten überhaupt nichts zu tun haben und ich muss das alles aufschreiben.

»Eine fantastische, fickgeile Fotze haben Sie«, schreibe ich auf und erröte, und »Habe ich Ihnen erlaubt, so nass zu werden?«

»Entschuldigung, Chef«, murmel ich.

Er diktiert weiter und ich schreibe schweigend. Von cremigem Mösensaft und darüber, dass er seinen Pinsel in meiner Schale eintauchen und mir Körper und Gesicht damit bemalen soll. Noch besser, dass er ihn mir leihen würde als Spielzeug. Als hartes, warmes Spielzeug. Mit dem ich es mir selbst besorgen darf. Von seinem Schwanz, mit dem er mich später erst in den dunklen, glühenden Fickmund und anschließend in die kleine verhurte Fotze ficken würde. In meine triefnasse Fickspalte. Dass er sie aber erst noch ein wenig lecken will, als Geschenk des Hauses sozusagen.

Lauter so Sachen sagt er. Gehorsam schreibe ich alles auf, was er diktiert. Immer wieder schiebt er mir dabei das Feuerzeug durch die nahtlose

Strumpfhose in mein Loch, das mit jedem Mal geräuschvoller schmatzt.

Plötzlich steht er auf. »So, Frau Zimmer.«

Ich kann sehen, wie hart sein Schwanz unter der Anzughose bereits ist. Gerne würde ich ihn jetzt herausholen und ein bisschen mit den Fingern, den Lippen, dem Mund, der Zunge verwöhnen.

»Lesen Sie mir bitte vor, was Sie geschrieben haben.«

Ich erröte und schlucke. »Ich kann das nicht, Chef. Sie müssen wissen, das ist nicht meine Sprache. Ich spreche Englisch, Französisch, ein wenig Russisch, aber ich beherrsche die Ficksprache nicht. Es erregt mich, diese Worte zu hören, aber irgendetwas in mir hindert mich daran, sie auszusprechen.«

Er kommt heran, streicht mit seinem Zeigefinger über meine Lippen, das Kinn und grollt: »Oh, Sie wollen nicht tun, was ich von Ihnen will? Die Sekretärinnen stehen Schlange für diesen Job.«

Oh ja, das kann ich mir vorstellen. Auch heute früh habe ich unser morgendliches Willkommensritual genossen.

Ich gehe ins Chefzimmer, stelle mich vor ihm auf, schiebe wortlos den Rock hoch und zeige ihm, dass ich unter der Strumpfhose nichts trage.

Er murmelt »brav«, drängt mich zur Wand, presst mich dagegen und geht in die Knie. Er drückt mir einen sanften Kuss auf die Möse, spielt mit Fingern und Zunge daran, saugt gierig den Saft auf und versenkt seinen Kopf immer tiefer in das Zentrum.

»Pst, nicht so laut«, murmelt er, als mein Stöhnen offensichtlich zu heftig wird. Er beißt ein kleines Loch in die teure Strumpfhose, allerdings ein bisschen weiter hinten als sonst. Dann steckt er mir einfach den Zeigefinger in den Arsch, während die Zunge weiterhin flattert. Alles schmatzt vor Lust und ich beiße mir in die Hand, aus Angst zu laut zu sein.

Er lässt erst von mir ab, als nur noch die Ausläufer der Orgasmuswellen versanden. Danach richtet er sich mit verschmiertem Gesicht auf und küsst mich auf den Mund, lässt mich meinen Saft schmecken, meine Lust.

»Lecken Sie es ab«, ermuntert er mich und ich tue es. Ich bin überrascht, wie vorzüglich ich schmecke: leicht salzig und etwas süßlich, vielversprechend.

Nein, ich will meinen Job nicht aufs Spiel setzen. Also lese ich leise und stockend vor, was er mir diktiert hat.

»Lauter«, befiehlt er, »Sie sind ja sonst nicht so schüchtern.«

»Wenn Sie sich anständig anstellen und mich

kräftig blasen«, lese ich, »dann werde ich Ihr dreckiges, versautes Fotzenloch so richtig durchficken ...«

* * *

Ich bin so nicht. Wirklich nicht. Ich bin keine Hure, die man einfach so nimmt und besitzt. Mit der man so respektlos spricht. Und jetzt? Jetzt stehe ich hier, arbeite trotz des Doktortitels als Sekretärin und lasse mich von meinem Chef mehrmals täglich durchficken und erniedrigen. Weil ich will, dass es ihm gut geht, dass er glücklich und entspannt ist. Darum lasse ich alles über mich ergehen.

* * *

Ich lese vor, was er mir zuvor diktiert hat. Lauter versaute, dreckige Worte quellen aus meinem Mund. Ich schäme mich plötzlich dafür. Dafür, dass ich mich nicht zur Wehr setze. Dafür, dass ich dieses Spiel mitspiele. Vor allem aber dafür, dass es mich erregt, obwohl es mich so abstößt.

Was ist bloß aus mir geworden? Aus der Studentin, die lauthals »mein Bauch gehört mir« brüllte? Eine devote, willige Sekretärin, die »mein Körper gehört Ihnen, Chef« raunt.

Plötzlich widert es mich nur noch an, ausschließlich auf die Sexualität, die Möse reduziert zu werden. Tränen laufen mir über die Wangen, als er den Schwanz aus der Möse zieht, ihn zwischen Nylon und Haut schiebt und den Saft in die Maschen spritzt, während seine Hände mich fest um die Hüften fassen.

Er hält mein Schluchzen für ein lustvolles Stöhnen und meint: »Na, das macht dich an, mein verficktes Tippluder, wie?«

Ich schüttel den Kopf, drehe mich zu ihm herum und er sieht, wie Tränen meine Wangen hinunterlaufen.

Verlegen zieht er die Hose hoch, lässt die Schultern hilflos sinken und leckt eine Träne aus dem Grübchen über meiner Oberlippe. Alle Härte ist aus seinem Gesicht gewichen. »Frau Zimmer«, murmelt er, »was ist denn mit Ihnen los? Ich dachte, das macht Ihnen auch Spaß. Ich hätte sonst nie ...«

Am liebsten würde ich ihn umarmen, wie er da plötzlich so jungenhaft hilflos vor mir steht und mich aufmunternd anlächelt.

»Schon gut, Sie können ja nichts dafür.« Wenn irgendjemand Schuld an der Situation hier hat, dann ich. Ich habe diesen Job angenommen. Ich habe Signale gesetzt, dass ich für alles offen und allseits bereit bin. Ich bin sofort eingestiegen, als ich von seiner Strumpfhosenaffinität erfuhr. Ich stehe ja auch auf die Dinger, finde sie reizvoll und schön und aufregend. Endlich ist da ein Mann, der nicht auf Halterlose abfährt, sondern auf Strumpfhosen.

»Frau Zimmer«, murmelt mein Chef jetzt. »Es

tut mir wirklich leid. Ich wollte Sie nicht unglücklich machen oder verletzen.«

»Sie müssen sich nicht entschuldigen«, schniefe ich und er reicht mir ein Taschentuch.

»Kann ich das wiedergutmachen?«

»Sie haben ja gar nichts falsch gemacht ... Es ist nur ... Es ist nur so ... Ach, halten Sie mich bitte einfach fest. Wenn ich mir als Sekretärin auch was wünschen und nicht nur dienen darf.«

Ich darf. Sanft nimmt er mich in den Arm, zieht mich zu sich heran und küsst mich auf den Mund. Ganz anders als vorhin, behutsam und zärtlich.

Ich lasse den Tränen freien Lauf, schäme mich in Grund und Boden: Für meine Sehnsucht, mich auszuliefern, die dreckige Sprache, die triefende Möse, die Tränen. Ich bestehe beinahe ausschließlich aus Scham. Der Rest ist Schuld.

»Nicht mehr weinen, bitte.«

Sein Kuss wird inniger. Die Zunge sucht meine. Er spielt mit ihr, langsam und voller Genuss, knabbert an meinen Lippen. So ganz anders ist dieser Kuss, die Nähe, die Intimität. Vertraut statt versaut.

»Ich will mit Ihnen schlafen«, raunt er, als unsere Lippen sich wieder voneinander lösen. Nicht: »Ich will dich ficken, du Miststück«.

»Warum?«, stoße ich hervor.

»Weil Sie scharfsinnig, witzig und geistreich sind.«

Jetzt bringt er mich zum Lächeln. Wenigstens hat er das bemerkt.

»Wofür halten Sie mich eigentlich?«, raunt er zwischen den Küssen, die nass, zärtlich und tröstend sind. »Glauben Sie wirklich, es würde mir Spaß machen, irgendeine humorlose, blonde Schnepfe zu vögeln?«

Jetzt zucke ich hilflos mit den Schultern. »Weiß nicht.«

»Hören Sie mir mal gut zu.« Er fasst mich an den Schulterblättern. »Der Reiz an der Sache ist, dass eine intelligente, attraktive, liebenswerte Frau, die ich achte, bewundere und begehre, Spaß daran hat, sich mir bewusst zu unterwerfen. Ich weiß um Ihre Fähigkeiten. Ich hab bereits überlegt, Ihnen die Leitung der Auslandsabteilung anzuvertrauen.«

Was sagt er da? Eine Führungsposition in seinem Unternehmen? Meint er das ernsthaft? Das Angebot reizt und verunsichert mich zugleich. Welche Sekretärin wird an meine Stelle treten? Jeden Morgen die Beine spreizen und von ihm verwöhnt werden?

»Frau Zimmer«, fährt er fort. »Es ist ein Spiel. Die Regeln gebe nicht ich vor, die bestimmen wir beide.« Seine Hände wandern an meinem Rücken entlang und bleiben auf dem Hintern haften. »Wir können die Rollen auch zu jeder Zeit umkehren, wenn Sie möchten. Sie gebieten, ich gehorche. Das habe ich noch nie ausprobiert, aber ich bin da offen.«

»Sicher nicht«, sprudelt es aus mir heraus. »Ganz sicher nicht. Wir kehren gar nichts um. Wenn Sie wollen, können Sie mich jetzt ficken.«

4. Kapitel

Für das Wohl der Firma

Wenn ich in der Firma bin, habe ich nur Augen für die Arbeit und meinen Chef.

»Für das Wohlergehen der Firma mache ich fast alles«, sage ich.

Da freut er sich, fasst mich um die Taille und meint, wenn es ihm gut gehe, geht es auch der Firma gut. Wenn es der Firma gut gehe, gehe es ihm gut. Seine Firma und er sind eins. Mich hat er ein-gestellt, weil er davon überzeugt ist, dass ich sowohl ihm als auch der Firma guttun würde.

Dabei reibt er sich ein wenig an mir, sodass ich seinen Atem in meinem Gesicht und seinen harten Schwanz durch die Anzughose spüre.

»Chef, ich will Sie nur ungern unterbrechen, aber Sie haben gleich einen Termin. Herr Gross-mann. Ich hab ihn dazwischengeschoben, er hat gemeint, es dränge.«

Peter Grossmann ist heute Morgen ins Sekretariat gestürmt und wollte den Chef sprechen. Aber der war derzeit nicht da.

Ein beachtenswert gutaussehender Mann, dieser Peter Grossmann.

Mitte Vierzig, lässig-leger gekleidet, oben ein schwarzes enges Shirt, unter dem sich die Muskeln abzeichneten, unten herum Jeans zum Knöpfen.

Ha! Sie haben jetzt wohl erwartet, dass ich sage, dass sich dort sein Schwanz abzeichnet. So genau hab ich aber nicht geschaut.

Ich mag übrigens Jeans zum Knöpfen. Aufknöpfen hat etwas viel Spannenderes und Erotischeres als ein banaler Reißverschluss.

Sein Haar ist kurzgeschnitten und kann sich nicht entscheiden, ob es lieber noch braun oder schon grau sein will. Der Blick hat etwas Spitzbübisches, der Körper erstklassig durchtrainiert, ohne mit den Muskeln zu protzen.

Ich finde Männer widerlich, denen man von drei Kilometern Entfernung ansieht, dass die Muskelmasse nicht nur in ihrem Körper, sondern auch in ihrem Leben mehr Gewicht hat als die des Gehirns.

Grossmann ist so proportioniert, dass sich so manche Frau durchaus wünschen würde, diese Arme mögen kräftig zupacken.

Nicht ich, natürlich. Ich bin nicht so, müssen Sie wissen.

Wie ich nicht bin? Ich bin kein leichtes Mädchen. Keine Dorfmatratze. Ja, ich vögle gern, ich lutsche gern, ich werde liebend gern geleckt, ich denke, das hab ich schon erwähnt. Aber tief drin in mir bin ich eine treue Seele.

Seit Wochen bin ich meinem Chef treu. Das fällt mir leicht. Mir fehlt es an nichts in der Firma. Nicht an spannenden Aufgaben, nicht an Lob und Anerkennung, und vor allem nicht an Sex.

»Schieben Sie mich dazwischen«, posaunt Grossmann, während der Blick seiner blaugrauen Augen mich durchbohrt.

Dann besticht er mich, obwohl ich vom Naturell her kein korrupter Mensch bin. Aber bei schönen Strumpfhosen und feinem Konfekt sehe ich gelegentlich über die Tugend der Unbestechlichkeit hinweg.

Grossmanns Pralinen sind die Besten in der Stadt. Zart schmilzt die Schokolade auf der Zunge. Völlig harmlos kommen sie daher, duften unschuldig nach Vanille und Karamell und explodieren plötzlich am Gaumen. Ein Minenfeld der Sinne.

Also schiebe ich Herrn Grossmann dazwischen.

Was dann kommt, habe ich so nicht gewollt, ehrlich.

Ich serviere artig Ginger Ale und Bitter Lemon, lächel die Herren freundlich an und will mich leise davonstehlen. Ich bin schon fast an der Tür, als Grossmann meinen Chef fragt: »Schluckt sie auch?«

Ich erröte schamhaft. Spüre, wie die Wut in mir hochkriecht. Was bildet sich dieser Konfekt-Heini eigentlich ein? Ich könnte mich flink hinausschleichen, so tun, als hätte ich die unverschämte Anzüglichkeit überhört. Doch ich bleibe wie gelähmt stehen.

»Ja, sie schluckt himmlisch, Peter.«

Oh, die Herren sind per Du.

»Aber du solltest diese fantastische Fotze sehen. Die Beste, die ich je hatte. Spiegelglatt, ständig nass, pochend vor Lust, ein Meisterwerk.« Er gerät ins Schwärmen. »Irgendwann werde ich sie fotografieren, die Nylonfotze, einrahmen, und mir einen vergrößerten Abzug ins Schlafzimmer hängen.«

In meine Wut mischt sich Stolz und Freude über die Worte des Chefs. Noch nie hat jemand so von mir gesprochen. Ja, man lobt das Outfit, den Intellekt, die Schlagfertigkeit, aber niemals zuvor hat ein Mann einem anderen in meinem Beisein Details über meine Möse erzählt.

»Darf ich sie sehen?« Grossmann nippt an seinem Ginger Ale. »Das Meisterwerk, das Original?«

Zu Wut, Stolz, Erregung und Freude gesellt sich Trotz. Ich verschränke die Arme vor der Brust. »Sicher nicht.«

»Frau Zimmer!« Jetzt klingt die Stimme meines Chefs herrisch. »Herr Grossmann ist einer unserer bedeutsamsten Mandanten. Wir können es uns nicht leisten, ihn als Kunden zu verlieren. Das Wohl der Firma, Sie verstehen?« Dabei umrundet er mit dem Zeigefinger den Rand seines Glases. »Waren es nicht Ihre Worte, dass Sie für das Wohl der Firma alles tun würden?«

»Fast alles«, korrigiere ich ihn.

»Oh, meine kleine Privatschlampen-Sekretärin widerspricht? Habe ich Ihnen das erlaubt?«

Ich schlucke. Dann sehe ich das Flackern in seinen Augen. »Entschuldigung, Chef. Natürlich. Geht's der Firma gut, geht's dem Chef gut. Geht's dem Chef gut, geht's der Sekretärin gut.«

»Los, schwafeln Sie nicht herum. Zeigen Sie dem Herrn Grossmann ihre hungrige Fotze.«

»Ich habe noch Konfekt«, flüstert dieser mir zu, »als Belohnung.«

»Er darf nur schauen«, schnaube ich dem Chef zu, als ich an ihm vorübergehe. »Nicht anfassen, ja?«

※ ※ ※

Ich weiß nicht, ob es die Aussicht auf die köstliche Belohnung ist, die mich dazu veranlasst, zu tun, was der Chef von mir verlangt. Ich lasse den Rock zu Boden gleiten, und nehme im Ledersessel Platz, lediglich in Bluse und Strumpfhose. Die Strumpfhose hat ein kleines Loch von unserem Guten-Morgen-Ritual. Ich öffne aufgeregt die Schenkel. Herz und Möse pochen um die Wette.

Grossmann kniet sich vor mich auf den Boden und starrt auf meine Löcher. »In der Tat«, murmelt er. »Ein Meisterwerk. Wunderschön gerahmt noch dazu.«

Ich spüre, wie ich zu fließen beginne. Ich weiß, was Herr Grossmann jetzt sieht. Ich habe mich oft genug selbst im Spiegel betrachtet: ein ellipsenförmiges Loch in der schwarzen schimmernden Seidenhose. Eine glänzende Möse, schön geformte Schamlippen, die Ränder der Strümpfe weiß verschmiert vom Mösensaft.

Ich vernehme den heftiger werdenden Atem von Grossmann und sehne mich nach einer Berührung. Nach der vertrauten Zunge meines Chefs sehne ich mich. Nach seinen Fingern.

»Dieser Geruch«, schwärmt Grossmann. »Ein zartes Aroma nach Muskatnuss und die warme Schärfe von Zimt.«

Würde ich nicht so geil sein, müsste ich lachen. Die Möse riecht also nach Apfelstrudel.

»Da möchte man am liebsten probieren.«

Besorgt schaue ich mit weit aufgerissenen Augen zu meinem Chef. Der hat in der Zwischenzeit seinen Schwanz herausgeholt und reibt ihn langsam.

»Koste ruhig, Peter«, muntert der Chef Grossmann auch noch auf. »Sie wird dir schmecken. Und Frau Zimmer liebt es, geleckt zu werden. Übrigens: Am liebsten mag sie es ganz sanft, nur mit der Zungenspitze.« Er lächelt mich an. »So ist es doch, oder?«

»Ja«, stöhne ich, als die Zunge erst über den Bilderrahmen fährt und dann über das bloßliegende Gemälde malt. »Ja, Chef. So ist es.«

Gerne würde ich die Augen schließen, um mich nur dem Spüren hinzugeben, die anderen Sinne ausschalten, aber ich kann nicht. Ich starre fasziniert in das Gesicht meines Chefs. Was sehe ich dort? Eifersucht? Macht? Kontrolle? Lust? Ein leises

Lächeln um seine Mundwinkel. Ein Lächeln, das sagt: »Genießen Sie es einfach. Es ist schon in Ordnung.«

Wie ich es genieße. Ein attraktiver Mann zwischen meinen Beinen, der Spaß daran hat, mich zu schlecken. Dem man anmerkt, dass er eine geübte Zunge hat. Die gern in verborgene Winkel eindringt, kostet, sich den Saft auf dem Gaumen zergehen lässt, sich auf seinen Geschmackssinn verlässt, sich darin verliert und mich zum Wahnsinn leckt.

Ein anderer attraktiver Mann, einer, den ich sehr mag, noch dazu mit einem glücklichen und erregten Gesichtsausdruck. Und die Lizenz zum Genießen.

Mein Chef steht jetzt neben mir, mit seinem Schwanz in der Hand, nur wenige Zentimeter von meinem Gesicht entfernt. Ich kann nicht anders, als mit meinen rubinrot bemalten Lippen gierig danach zu schnappen.

»Na, das gefällt Ihnen, wie?«

Mir ist nicht klar, wer der Adressat dieser Worte ist.

Grossmann hat meine Möse im Mund und nickt.

Ich habe einen mittlerweile harten und prachtvollen Schwanz im Mund und nicke.

»Ich habe dir nicht zu viel von diesem Fötzchen versprochen, oder? Von meinem Fötzchen.«

Meine Möse zuckt bei seinen Worten zusammen, ich dränge das Becken näher an Grossmann. Er versteht die Botschaft und stößt mit der Zunge tief ins Loch. Fickt mich damit, um im nächsten Augenblick wieder sanft um die Klit zu kreisen.

»Lass dir ihren Fotzensaft schmecken, Peter.«

Dabei ist diese Aufforderung gar nicht nötig, denn Grossmann tut genau das.

»Der Beste der Welt. Wie cremiger Kuchenteig. Durch ein Sieb gestrichen. Ich kann ihn jeden Tag haben, nicht wahr, Frau Zimmer? Wann immer ich will.«

Ich nicke.

Mein Chef hat mir mal bei Kaffee und Kuchen erzählt, dass er als Kind immer den Kuchenteig aus den Schüsseln lecken durfte, wenn seine Mutter buk. Und dass das Gefühl, wenn er eine saftig-schöne Möse leckt, das Gleiche ist wie damals. Nach warmer Stube und einem Feuer im Ofen. Gemütlich, vertraut, geborgen.

»Es schmeckt nach Zuflucht«, sagte er. »Nach Daheim sein.«

Er fasst mich an den Haaren und zieht mich fester an seinen Schwanz heran. »Wenn du jetzt brav lutschst und schluckst, meine kleine Fickschlampe, schieb ich ihn dir nachher ins Rohr.«

In meinem Kopf vermischen sich die erregenden, erniedrigenden Worte mit Grossmanns Zunge und meiner pochenden Möse.

Mein Chef stößt mir immer wieder seinen Schwanz tief in die »Maulfotze«, wie er sagt. Sein Rhythmus wird immer schneller.

In meiner Möse spüre ich Finger und Zunge. Ich will diesen Augenblick festhalten. Diesen verheißungsvollen Augenblick kurz vor der Erlösung.

Aber er lässt sich nicht festhalten. Die Wellen schwappen über das Ufer und reißen mich mit sich. Am liebsten würde ich laut schreien, aber das geht nicht wegen des Schwanzes im Mund. Zubeißen würde verquer sein, außerdem will ich niemandem wehtun, schon gar nicht diesem Mann.

Also sauge ich einfach voller Lust den Schwanz in mich ein.

Wir kommen gleichzeitig, mein Chef und ich. Ein schönes, warmes Gefühl ist das. Seinen Saft schlucke ich gehorsam hinunter. Jeden Tropfen. Dann küsst mein Chef mich auf den Mund.

»Gut gemacht«, sagt er und lächelt mich an. »Sie wissen ja: Geht's dem Chef gut, geht's der Firma gut.«

»Mensch, Oliver«, sagt Grossmann und wichst sich. Sein Gesicht ist vom Kuchenteig weiß verschmiert. »Wahnsinn, wie die abgeht.«

Ich schlüpfe in den Rock, zupfe das Haar zurecht, ziehe Lippenstift nach und stecke das Konfekt in den Mund, das Grossmann mir auf den Tisch legt.

»So, meine Herrschaften, jetzt wird gearbeitet. Ich habe den Entwurf schon vorbereitet. Ich hole dann mal die Unterlagen.«

5. Kapitel

Sie sind der Boss

Vier Monate arbeite ich mittlerweile für meinen Chef.

Manchmal macht mir die momentane Situation Angst. Mein Leben ist in den letzten Wochen auf den Kopf gestellt worden. Meine Freundinnen vertröste ich von Woche zu Woche und erzähle ihnen, dass ich Überstunden machen muss. In Wahrheit muss ich nicht, ich will.

»Hast du das echt nötig, mit deiner Qualifikation als Sekretärin zu arbeiten? Du bist die Klügste von uns allen«, argumentiert Moni.

Ich lächel leise in mich hinein. Ja, offensichtlich habe ich das notwendig. Ich würde sie gerne ins Vertrauen ziehen, aber ich kann nicht. Sie würden mich ohnehin nicht verstehen.

Meine Freundinnen wissen nur von einem Teil meiner Affinitäten: Von der Liebe zu ausgefallenen und schönen Strumpfhosen und Lippenstiften, mit denen sie mich reichlich beschenken. Rubinrot. Kardinalrot. Sienarot. Ferrarirot. Samtrot.

Von der Lust, mich wie ein Objekt behandeln zu lassen, von der Sehnsucht, einfach ein Fickstück zu sein, das man jederzeit nehmen kann, von dem Glücksgefühl, wenn der Chef mich lobt, weil ich ihn gerade in den Himmel geblasen habe: Davon wissen sie nichts. Davon dürfen sie auch gar nichts wissen.

✳ ✳ ✳

Sogar meine Mutter hat die Veränderung bemerkt. »Da glänzt etwas in deinen Augen«, äußert sie und scheint darüber ein wenig besorgt. »Mach was du willst, aber pass bitte auf dich auf, Kind.«

Ich vernachlässige Freundinnen und Menschen, die ich liebe. Ich vernachlässige meine anderen Interessen. Seit Wochen bin ich nicht mehr im Theater gewesen.

In den letzten Wochen sind die Kirschholzdielen im Chefbüro zu den Brettern geworden, die mir die Welt bedeuten. Ich spiele die Hauptrolle als Chefsekretärin ausgezeichnet. Zur vollen Zufriedenheit des Regisseurs. Hätten wir ein Publikum, wir würden nach jeder Aufführung Standing Ovations bekommen, denn wir spielen mit Leidenschaft, geben alles.

Standing Ovations. Ich ertappe mich dabei, wie der Gedanke an ein applaudierendes Publikum mich erregt. Der Gedanke, beobachtet zu werden. Nicht nur Fickstück, sondern gleichzeitig Schaustück zu sein.

Schnell dränge ich diese Gedanken zur Seite.

Der Chef hat kein Wort über die Sache mit Grossmann verloren. Er tut, als wäre sie nie passiert, keine Anspielungen, nichts. Die Termine mit ihm legt er ausgerechnet auf meinen freien Tag. Ich finde das ein wenig schade, nicht nur wegen des Konfekts.

Ja, ich gebe es zu, es hat mich erregt, als Grossmann zwischen meinen Beinen kniete und der Chef sagte: »Leck sie ruhig, Peter. Sie mag das.«

So sehr mich diese Episode erregte, umso mehr macht sie mir Angst. Ich habe Angst vor dem eigenen Mut, habe Grenzen überschritten.

Ich bin nämlich keine von diesen tabulosen, perversen Schnittchen, die weder Scham noch Grenzen kennen.

Und dann ist da noch das Arbeitswochenende beim Chef. Darüber verliert er auch kein Wort. So, als hätte auch er ein wenig Angst.

Ich habe mich auf ein Arbeits- und ... ja, ich gebe es zu ... Sexwochenende bei meinem Chef eingerichtet. Nur er und ich in seiner Wohnung. Ein hübsches, kleines Gästezimmer, das Bett darin frisch bezogen und mit Rosenblättern bestreut. Fast romantisch. Ich habe mich auf Intimität eingestellt. Auf Lust.

Arbeit. Belohnung.

Und plötzlich ist da Stefan. Stefan ist ein Bekannter vom Chef. Er hat einen kleinen Verlag, der vorwiegend erotische Literatur verlegt. Vor allem aber ist er Fotograf. Hochgewachsen, schlank und braungebrannt, denn er ist vor Kurzem von einer Kreuzfahrt zurückgekehrt.

Auf einmal bin ich nicht mehr Sekretärin, sondern Model. Model für eine nahtlose Strumpfhose.

»Los, ziehen Sie die an«, verlangt der Chef. »Ohne was drunter, aber das versteht sich von selbst, oder?«

Fatal, so heißt sie, die Strumpfhose. Fatal, so ist sie.

Auch diese Rolle spiele ich gut, nachdem ich am Anfang noch ein bisschen gehemmt bin. Doch Stefan nimmt mir mit Witz und Lässigkeit die Hemmungen. Und so posiere ich am Tisch, strecke ihm einladend den Hintern entgegen, lehne breitbeinig an der Wand, die Hände hinterm Rücken mit nichts am Leib, außer den Nylons und schwarzen Stiefeln. Sitze im Strandkorb, die Beine gespreizt, einen Shake in der Hand.

»Nimm deine Finger zu Hilfe und spreize die Schamlippen ein wenig«, kommandiert Stefan.

Der Chef nickt mir zu. »Sie ist nicht nur meine Sekretärin, sie ist auch meine Muse.«

Ich registriere glücklich den Stolz in seiner Stimme.

»Sie inspiriert mich. Komm Stefan, mach mir ein Bild von der Möse, meiner Muse«, meint er.

Ganz nah ist Stefan mit der Kamera an der Muschi. Ich beiße mir auf die Lippen.

Was wird er von mir halten, wenn er sieht, wie nass sie bei den Aufnahmen wird?

Ich schiebe die Hand unter die Strumpfhose und spiele ein wenig an der Perle. Glitschig ist es in meiner Möse. Glitschig und cremig und glühend heiß.

»Sehr gut, das wird super«, tönt Stefan, gleichermaßen von der Möse und seinem Können begeistert.

»Stefan ist ein begnadeter Fotograf, Frau Zimmer«, sagt der Chef und ich ahne, worauf er hinauswill. »Ich kann ihn mir im Grunde genommen nicht leisten.«

Ich lasse mich also das zweite Mal in kurzer Zeit von einem fremden Mann lecken.

»Mach die Strumpfhose nicht kaputt«, warnt der Chef ihn.

Ich glaube, darum geht es ihm gar nicht. Sondern nur darum, dass niemand sonst sie aufbeißen darf. Mich zum Orgasmus zu lecken scheint okay, aber aufbeißen ist offensichtlich ein Privileg des Chefs.

Versteh einer diese Logik.

Stefan spielt mit der Zungenspitze eine Salsa auf der empfindsamsten Stelle meines Körpers. Jetzt bin ich es, die von Stefans Können begeistert ist. Das Nylon knistert. Dann dringt er mit seiner Zunge tief ins Loch ein, durch die Strumpfhose hindurch.

»Na, macht er das gut?«, will der Chef wissen.

»Ja Chef, ausgezeichnet.«

»Meine kleine Leckschlampe sind Sie, wie? Können nicht genug kriegen.«

Ich nicke und er geht in die Knie. Während die Zunge von Stefan ganz tief in mir steckt, leckt der Chef die Perle. Er weiß mittlerweile genau, wie ich es am liebsten habe. Ich komme laut und heftig, zwei Zungen an und in mir.

Aber Stefan hat offensichtlich noch nicht genug. »Du schuldest mir noch einen Gefallen, Oliver«, erinnert er ihn an die Aufnahmen für die Firma.

»Soll meine Mösenmuse dich blasen, Alter? Sie bläst verdammt gut.«

Stefan schüttelte den Kopf. »Ich will sie ficken.« Er zieht seine Hose hinunter. Ein schöner, großer, harter Schwanz kommt zum Vorschein.

Ich kann und will mich nicht wehren. Deshalb suche ich den Blick des Chefs, der erwidert. Wir schauen uns einfach an. Kein Lächeln, kein Kopfschütteln, kein Nicken. Nur ein langer, schweigender Augenblick.

Stefan hat sich inzwischen so vor mir aufgebaut, dass die Schwanzspitze knapp vor meiner Möse wippt. Aber weder er noch ich wagen uns zu bewegen. Die Spannung knistert in der Luft wie zuvor das Nylon und ist nur schwer auszuhalten.

»Fragen wir doch einfach Frau Zimmer, was sie von deiner Idee hält«, schlägt der Chef nach einer endlos langen Stille vor.

»Nein«, bricht es aus mir heraus. »Nein, fragen Sie mich nicht. Sie sind hier der Chef. Sie entscheiden.«

Wieder Stille. Der Schwanz nur wenige Zentimeter vor der Möse. Ich kann seine Wärme förmlich spüren.

»Nimm sie dir, Stefan, sie scheint es dringend zu brauchen.«

Kaum hat er diesen Satz zu Ende gesprochen, spüre ich auch schon Stefans Schwanzspitze. Sie pinselt über die Spalte. Mein Chef hat Recht. Ich brauche es ernsthaft. Ich will einen Schwanz in mir. Welcher es ist, ist mir im Augenblick egal. Ich will einfach genommen, gefickt, gevögelt werden. Ganz langsam stößt Stefan zu, um die Strumpfhose nicht zu zerreißen.

»Was für eine geile, nasse Schnecke«, murmelt er.

Als Dankeschön für das Kompliment massiere ich seinen Schwanz mit den trainierten Beckenbodenmuskeln.

»Und? Fickt er Sie gut?«, flüstert der Chef mir

ins Ohr.

»O ja«, stöhne ich zurück und nehme den Riemen vollständig in mir auf. »Sie haben sehr nette Bekannte, Chef«, murmel ich beim Luftholen.

»Vergessen Sie nicht, wem Sie gehören, Frau Zimmer.«

Niemals würde ich das vergessen. Mein Chef küsst mich auf den Mund, knabbert an den Lippen, spielt mit seiner Zunge mit meiner, dringt tief in mich ein, küsst im nächsten Augenblick wunderbar zärtlich und voller Gefühl.

Ich kenne mich nicht aus. Weiß nicht, was hier passiert. Werde von einem Mann durch die Strumpfhose gefickt, weil ein anderer, der mich gerade zärtlich und nass küsst, das verlangt.

Will ich das auch?

Was will ich?

Was bin ich für ihn?

»Sie sind meine Privatschlampe, meine kleine, dreckige Fickschlampe«, errät er die Frage und antwortet in einer Kusspause.

»Mehr.« Die Aufforderung gilt beiden Herren. Der eine stößt heftiger zu, fickt härter, bohrt Lust und Schwanz in die Muschi. Der andere sagt lauter dreckige Dinge. Von meinen Löchern, die gestopft werden wollen. Er nennt mich schwanzgeile Gratishure, Fickstück mit der geilsten Spalte,

... nein, ich kann Ihnen gar nicht sagen, was er mich alles nannte. Es ist mir peinlich.

Stefan umfasst meine Hüften, stößt ein letztes Mal voller Kraft zu und spritzt seinen Saft in das Loch. Durchs Nylonsieb in meinem Loch. Als er ihn herauszieht, gibt das Material nach und umschließt die Möse wieder artig. Nur ein weißer Fleck zeugt von dem, was gerade geschehen ist.

＊ ＊ ＊

Da sind sie erneut, die beiden Vertrauten: Angst und Scham.

Wohin wird das führen? Was werde ich noch alles mit mir machen lassen?

Erst nur der Chef. Dann Grossmann, der mich nur lecken darf, und nun Stefan, der mir die Seele aus dem Leib fickt.

Wo ist die Grenze, die mich beschützt und mir Halt gibt? Ich drohe, mich in meiner Lust und Gier aufzulösen.

Ich bin nicht eine von denen, die leicht zu haben sind. Die mit jedem ohne Hemmungen herumvögelt oder sich lecken lässt. Ich brauche dazu Vertrauen und Respekt, so seltsam sich das jetzt auch anhören mag.

»Chef«, murmel ich stockend, als Stefan längst gegangen ist, wir auf dem Sofa lümmeln, Tee trinken und die neue Kampagne besprechen. Die Szene hat etwas Vertrautes und Nahes, nichts erinnert an das, was vor nicht einmal einer Stunde geschehen ist. Ich spüre, wie sehr der Chef meine fachliche Meinung schätzt, wie er sich intellektuell an mir reibt und dass ich längst mehr bin als eine Sekretärin.

»Ja, Frau Zimmer? Alles in Ordnung?«

»Chef, ich möchte, dass Sie etwas wissen.«

»Bitte?«

»Ich ... Ich bin sonst nicht so.«

Er gibt mir einen Kuss auf die Stirn. »Das weiß ich«, entgegnet er. »Danke, dass Sie wenigstens manchmal so sind. Für mich. Und für Sie auch. Stört es Sie übrigens, wenn ich mir das Foto Ihrer Möse — stark vergrößert, so, dass nicht mehr zu erkennen ist, um wen es sich handelt — über mein

Bett hänge?«

»Ganz im Gegenteil. Es macht mich sehr, sehr stolz.«

6. Kapitel

Nur das Beste

Die Stimmung im Büro hat sich verändert. Um genau zu sein: seit dem Arbeitswochenende beim Chef. Wir sprechen nicht darüber, was an dem Tag in der Wohnung vorgefallen ist. Es ist uns beiden unangenehm. Ihm vermutlich deshalb, weil er mich gleichzeitig mit dem Freund geleckt und mich von ihm hat ficken lassen.

Mir, weil ich unendliche Lust dabei empfunden habe. Zugleich verbindet uns diese Erfahrung. Wir müssen uns nichts vorspielen, haben in die Abgründe der Begierden geblickt, sind hineingestolpert und haben den anderen daran teilhaben lassen. Sind an unsere Grenzen gegangen, haben sie ausgelotet und sie übermütig überschritten.

An den Grenzen ist das Leben lebendig und spannend. An ihnen findet Begegnung und Austausch statt.

Stefan wird mit keinem Wort erwähnt. Nur das Foto, das er geschossen hat und das jetzt im Schlafzimmer des Chefs hängt. Das Foto meiner Möse in der Fatal. Stark vergrößert, verschleiert, dunkel und ein wenig schimmernd. Geheimnisvoll.

»Sie sind jetzt meine Madonna«, flüstert er und bohrt mir seine Zunge in den Mund, fasst unter den Rock.

»Gern, Chef. Das mit der Jungfräulichkeit muss ich halt noch ein bisschen üben.«

Ich grinse und spüre einen Finger an der Spalte.

Wir lachen viel, wir arbeiten viel, sind ein wunderbares Team, kreativ und voller Elan. Er hat originelle Ideen, die er alle auf der Stelle umsetzen will und die manchmal etwas ausufern. Ich bin das Organisationstalent, um diese Ideen zu sortieren, in Form zu bringen und einer Realisierung der Projekte zuzuführen.

Hin und wieder kommt es vor, dass wir — abgesehen vom Morgenritual, für das wir uns trotz der vielen Arbeit Zeit nehmen — einen oder gar zwei Tage keinen richtigen Sex haben, sondern nur ein bisschen herumlutschen, lecken und knutschen.

Heute Vormittag jedoch hat er mich ertappt. Ich

versuche noch, die kleine Schachtel in der Schreibtischschublade verschwinden zu lassen, aber zu spät.

»Haben Sie die Einladungen schon ... Oh ... was haben wir denn da, Frau Zimmer?«, fragt er und kommt auf mich zu.

Ich schlucke den Rest der Praline hinunter. »Ähm ... was meinen Sie? Ach so ... Das ist Konfekt.« Ich versuche, so unbeteiligt wie möglich zu klingen. »Möchten Sie auch eines, Chef?« Ich öffne die Lade, löse das goldene Bändchen und halte ihm den edlen Karton hin. »Diese hier ist am besten.« Ich deute auf eine weiße Praline mit zerkrümelten Rosenblättern darauf. »Champagner-Rose-Trüffel. Sehr delikat.«

Stell bitte keine Fragen, denke ich mir, *denn die Sache ist tatsächlich delikat.*

»Oha. Grossmann schenkt Ihnen die goldene Selektion? Nur das Beste ist für die Beste gut genug, wie?«

Ich schweige. Wechsel einfach das Thema.

»Übrigens, die Ansichtskarten für die Werbung sind heute geliefert worden. Toll sind Sie geworden. Sensationelle Aufnahmen.« Ich kann mir nicht verkneifen, noch ein »Dieser Stefan, der kann schon was«, anzufügen.

Mein Ablenkungsmanöver funktioniert nicht.

»Sagen Sie bloß nicht, Grossmann hat Ihnen das Konfekt hierher ins Büro geschickt. Das wäre ein ziemlicher Affront, finden Sie nicht?«

Ich erröte.

Er greift mir einfach zwischen die Schenkel. »Na, feucht geworden beim Gedanken an Grossmann?«

Nein. Feucht geworden beim Gedanken an dich, denke ich, aber ich beiße mir auf die Lippen. Soll er doch glauben, dass mir etwas an Grossmann liegt. Ein wenig Eifersucht kann nicht schaden. Immerhin hat er das Ganze eingefädelt. Er hat nicht nur zugelassen, dass Grossmann mich leckt, sondern ihn dazu ermutigt. Hat es genossen, mich zu erniedrigen und zu seinem Objekt zu machen, das er nach Lust und Laune auch verleiht. Ja, mir hat es auch gefallen, aber das ist nicht das Thema.

Ich stecke ihm die Champagner-Rose-Trüffel-Praline in den Mund.

Er leckt meine Finger behutsam ab. »Ich möchte nicht, dass so etwas noch einmal vorkommt, verstehen Sie?«

»Entschuldigung, Chef«, murmel ich, obwohl ich völlig unschuldig daran bin, dass Grossmann mir Konfekt schickt.

»Peter setzt unsere Freundschaft aufs Spiel«, meint er und wirkt ein wenig aufgebracht über diese Illoyalität des Kunden und Freundes. »Wenigstens hat er keine Strumpfhosen geschickt.«

Er beißt ein winziges Stück von der Champagner-Rose-Trüffel-Praline ab und schiebt den Rest davon mit seiner Zunge in meinen Mund. »Das hätte ich noch wesentlich schlimmer gefunden.«

Ich lutsche ein wenig an der Praline und stecke

sie wieder zurück. Das Spiel geht so lange hin und her, bis die Schokolade schmilzt und die Strumpfhose im Schritt durchnässt ist.

Seit heute Morgen fehlt der Stoff, der die Nässe auffängt. Da klafft ein Loch. Ein Loch, das gestopft werden will.

Die Karte, die zusammen mit dem Konfekt geliefert wurde, will ich ihm verschweigen. Jedoch öffnet der Chef die Schublade, um die restlichen Pralinen wieder zu verstauen.

»Wir wollen uns ja nicht überessen«, sagt er in dem Moment, als er das samtrote Kärtchen entdeckt.

»Wenn Sie mir die Strumpfhose mit dem Loch zuschicken, gibt es Nachschub«, liest er Grossmanns Worte vor. »Und?« Seine Hände legen sich besitzergreifend um meinen Hintern. »Wie ich Sie kenne, haben Sie ihm eine geschickt, Sie kleine Hure?«

Ich schaue beschämt zum Fußboden, nehme jedoch erfreut die Beule in seiner Hose wahr.

Ein Spiel, denke ich. *Alles nur ein Spiel.*

Er ist nicht wirklich wütend. Er ist geil auf mich.

»Chef«, stammel ich. »Es tut mir leid, aber ich bin süchtig nach diesem Konfekt. Ich kann nicht anders. Verzeihen Sie mir bitte.«

Ich verschweige, dass die Strumpfhose, die ich Großmann zugeschickt habe, das Loch nicht im Schritt, sondern am Knie hat. Vorige Woche bin ich auf dem Heimweg damit gestürzt, habe sie weggeworfen und extra für Grossmann wieder aus dem Müll gefischt. Wenn er eine Strumpfhose mit Loch will, soll er eine haben.

Mein Chef presst mich an sich, um mich im nächsten Moment barsch wegzustoßen. »Ach stecken Sie sich Grossmanns Konfekt doch sonst wohin, Sie Schlampe!«

»Gern, Chef.« Ich setze mich auf den Schreibtisch, spreize die Oberschenkel und stecke mir eine Praline in die Möse. »Königliches Kirschtöpfchen«, säusel ich. »Bedienen Sie sich.«

Er geht in die Knie, taucht mit seiner Zunge ein.
Erst durchs Loch ins Loch, dann in das königliche
Kirschtöpfchen. Sahne und Schokolade vermischen
sich mit dem Saft der triefenden Muschi. Er
schleckt gierig daran, liebkost zwischendurch den
Kitzler. Langsam schiebt er einen Finger erst in die
schokoladenglitschige Möse, anschließend in meinen Arsch, dann einen zweiten und leckt weiter.

Ich spüre die Kirsche in der Spalte, fühle, wie
Sahne und Schokolade aus mir hinaus fließen.

Die Finger stoßen zu. Seine Zunge berührt kaum
spürbar die Klit. Ich explodiere.

»Die Kirsche ist für Sie«, lächelt er, kommt hoch
und schiebt sie mir in den Mund. »Ich steh nicht so
auf Obst.«

Ich mag das sehr. Meine eigene Lust schmecken.
Heute schmeckt sie nach Kirsche, nach Vanille und
Schokolade. Und so bereitet Peter Grossmann mit
seinem Geschenk, ohne es zu wissen, doch noch

uns beiden höchsten Genuss.

»Ich möchte Sie gern lutschen, Chef.«

»Tja. Wer will das nicht?«, antwortet er arrogant. »Bitten Sie mich darum.«

Macht. Nähe. Kontrolle. Angst. Ich senke meinen Blick.

»Darf ich Sie lutschen? Ihren schönen Schwanz blasen? Bitte.« Ich schlage die Augen nieder, wie er es von mir erwartet.

»Hm ... Lassen Sie mich kurz überlegen.« Sekunden vergehen, bevor er antwortet: »Na gut, Frau Zimmer. Aber ziehen Sie vorher alles aus, bis auf die Strumpfhose.«

Jetzt bin ich es, die in die Knie geht. Nur mit Nylons bekleidet. Fire and Flames. Die Heutige ist hautfarben mit einem Tattooaufdruck an den Unterschenkeln. Ich knöpfe die Hose auf und heiße den Schwanz, der mir hart und herzlich entgegenspringt, mit meiner Zunge willkommen.

»Schön, Sie kennenzulernen«, hauche ich. »Freut

mich sehr.«

»Hocken Sie sich so hin, dass ich Ihre Möse sehen kann«, befiehlt er. »Spielen Sie mit ihrer glitschigen Fotze, während sie mich lutschen.«

Ich lecke den Tropfen von seiner Eichel. Lecke anschließend jeden verdammten Zentimeter dieses verdammt geilen Schwanzes ab, bevor ich die karmesinroten Lippen über die Eichel stülpe und den Prügel immer tiefer in den Mund gleiten lasse. Langsam wieder hinaus, bewundere, wichse, mit ihm über die Stirn streiche, über die Augenlider, die Wangen.

»Los, Sie sollen sich fingern«, verlangt er.

Das habe ich völlig vergessen, so sehr gebe ich mich der Lust hin, sein Glied zu liebkosen. Manchmal kann ich mich nur schwer zwei Dingen gleichzeitig widmen. Obwohl ... Die Gedanken wandern zu Stefan. Stefans Schwanz in der Muschi und die Zunge des Chefs in meinem Mund: Das ist sehr, sehr schön. Und verdammt geil. Es hat mich keineswegs überfordert. Ich spiele mit den Fingern in der Möse und lutsche und wichse den Schwanz. Er fickt mich in den Mund.

»Ich spritze gleich«, stöhnt er beim nächsten Stoß. »Ich spritz' dir ins Gesicht, mein verfickter Blasengel.«

Ich strahle und öffne den Mund, als der Saft aus dem Schwanz schießt: auf die Wangen, in den Mund, auf den Hals. Puh ...

Später liegen wir auf dem Sofa, er taucht seine Finger in das Sperma in meiner Halsbeuge und malt damit Kringel auf meinen Bauch.

»Ich will Sie ganz für mich allein.«

Ich lächel selig. Selig, aber auch ein wenig wehmütig. Denn ich spüre trotz allem Lust auf weitere gewagte Rollen und Auftritte unter seiner Regie.

»Heute«, fügt er hinzu und grinst. »Heute will

ich Sie ganz für mich allein. Für morgen kann ich nichts garantieren.«

Er küsst mich auf den Mund. Lieb und geil. »Madame«, flüstert er. »Sie können tun, was Sie wollen, aber versprechen Sie mir zwei Dinge.«

»Ja, Chef?«

»Kündigen Sie nicht. Es wäre ein Fehler. Und verlieben Sie sich nicht in mich.«

7. Kapitel

Ich will Sie für mich

Mein Chef sagt: »Ich möchte, dass Sie am Samstag bei meiner Party die Dame an meiner Seite sind.«

Während der letzten Wochen habe ich ihm bei den Vorbereitungen zu dieser jährlichen Veranstaltung geholfen, Einladungen erstellt und versendet, ein kleines Schlösschen in der Umgebung gebucht, das Catering organisiert, Blumenschmuck bestellt und Anmeldungen entgegengenommen. Davon, dass ich dabei sein soll, ist nie die Rede gewesen.

»Am Samstag? Da wollte ich eigentlich ins Theater gehen.«

»So so, ins Theater? Da werden Sie leider drauf verzichten müssen.«

Ich soll auf der Party die Dame an seiner Seite sein? Ich mag Partys nicht besonders und habe mich auf einen Abend im Theater gefreut. Ich bin schlecht im Smalltalk, lache zu laut, verabscheue die Oberflächlichkeit bei solchen Festivitäten und tappe in jedes Fettnäpfchen. In diesen Kreisen bewege ich mich linkisch und ungeschickt.

Die Dame an seiner Seite? Ich bin keine Dame. Ich bin Frau. Weib. Manchmal Schlampe, Luder, Fickstück. Aber niemals Dame.

Doch ich bin wahnsinnig gern die Sekretärin des Chefs und will ihm jeden Wunsch erfüllen. Deshalb werde ich auch diese Rolle spielen, und zwar so, wie ich alle Rollen im Leben spiele: leidenschaftlich, engagiert und möglichst perfekt.

»Gern, Chef«, antworte ich. »Was wird von der Dame an Ihrer Seite denn so erwartet?«

Er küsst mich auf den Mund und krallt seine Hand in meinen Hintern. »Lassen Sie sich einfach überraschen, Frau Zimmer ... Kommen Sie um neunzehn Uhr ins Büro. Wir nehmen dann den Firmenwagen.«

* * *

Ich überrasche ihn mit einem dunklen kurzen Lederkleid, um den Hals eine lange Kette aus unregelmäßig geformten Silbergliedern geschlungen. Unter dem Kleid trage ich lediglich eine Strumpfhose: Transparent, aufwändig mit schwarzen Rosen bestickt. Ich ahne zwar, dass sie den Abend nicht überleben wird, aber das ist es mir wert. Am Montag werden als Trost zwei neue, schöne Nylons in der Schreibtischschublade auf mich warten.

»Sie sind wunderschön«, begrüßt mich der Chef, schließt die Tür hinter mir, presst mich gegen die Wand, geht in die Knie und schiebt das Kleid hoch.

»So viele Blumen«, staunt er und leckt über die schwarzen Rosenblüten an den Oberschenkeln. »Sie brauchen dringend etwas Feuchtigkeit.«

Ich lächel. »Ach, ich bin schon feucht genug.«

»Ich meine die Rosen, nicht Sie.« Er schiebt den Zwickel zur Seite und berührt mit seiner Zunge die Möse wie so oft.

Und wie so oft in den letzten Monaten genieße ich dieses prickelnde Gefühl. »Puh ... Sie können sie aufbeißen, Chef.«

Er schüttelt den Kopf und kommt hoch zu mir. »Nein. Schade um die schönen Rosen. Das hebe ich mir für später auf. Darf ich Ihnen noch eine Kleinigkeit zu trinken anbieten?«

»Das ist meine Aufgabe hier.« Ich tippel in die Küche, gieße Grapefruitsaft in Gläser, gebe Ginger Ale, etwas Grenadinesirup und Eiswürfel dazu und serviere die Drinks.

»Prost, Chef. Auf eine gelungene Party.«

»Auf einen ereignisreichen Abend mit der aufregendsten Dame an meiner Seite, die ich je hatte.«

Ich erröte. Der Chef trinkt nie Alkohol. Einmal habe ich ihn nach dem Grund dafür gefragt.

»Stellen Sie sich vor, ich würde die Hemmungen im Alkohol ertrinken, es wäre nicht auszuhalten mit mir«, antwortet er und lacht. »Wissen Sie, ich ficke Sie einfach gern mit klarem Kopf.« Etwas ernsthafter fügt er hinzu: »Und Sorgen lassen sich sowieso nicht ertränken. Die können schwimmen.«

Danach wechselt er das Thema. Ich frage nicht weiter nach, es geht mich nichts an. Ich bin seine Sekretärin, nicht seine Therapeutin und heute Abend auch die Dame an seiner Seite.

Ich sinke in die weichen Kissen des alten BMWs

und lasse es zu, dass er während der gesamten Fahrt die Hand auf beziehungsweise zwischen meinen Oberschenkeln hat. Nur zum Schalten entfernt er sie kurzzeitig.

Das idyllische Schlösschen liegt an einem idyllischen Wasserlauf am Rand eines idyllischen Waldes. Im nahegelegenen Bach spiegelt sich die untergehende Sonne.

In mir hat sich einiges aufgestaut. Ich bin aufgeregt. Ich habe keine Ahnung, was mich hier erwartet. Die Freunde des Chefs werden da sein, ein paar Geschäftspartner, Kunden, bedeutsame Damen und Herren der pseudofeinen Gesellschaft.

»Alte Bekannte und neue Kontakte«, sagte er.

Ich wage nicht zu fragen, ob Stefan, sein Freund und Fotograf, auch anwesend sein wird. Oder Grossmann. Der hat sich nicht mehr gemeldet, nachdem ich ihm die Strumpfhose mit dem Loch im Knie geschickt habe.

Männer ... Ob er beleidigt ist und keinen Humor versteht? Was, wenn Stefan und Grossmann sich und mir gleichzeitig über den Weg laufen und anzügliche Bemerkungen machen? Wie werde ich dann reagieren?

»Alles wird gut.« Mein Chef ergreift meine zitternde Hand und betritt mit mir zusammen das alte Gebäude.

Beim Betreten des Schlosses spüre ich, wie die Uhren plötzlich langsamer schlagen und ich in eine längst vergangene Zeit eintauche. Mit ihm an meiner Seite fühle ich mich nicht mehr wie eine billige, schlampige Sekretärin, sondern wie eine Schlossherrin. Kurz überlege ich, was sich besser anfühlt. Um ehrlich zu sein, ich mag das eine wie das andere.

Nach und nach trudeln die Gäste ein.

Ich lächel, übe mich in Smalltalk. »Ich hoffe, Sie hatten eine angenehme Anreise«, »Ich freue mich, Sie heute Abend hier begrüßen zu dürfen«, und andere Plattheiten.

Ich war gespannt, wie mein Chef mich den Gästen vorstellen würde. Jetzt stelle ich fest: Er stellt mich überhaupt nicht vor, sondern tut einfach so, als wäre ich seit Jahren die Frau an seiner Seite.

Ein paar der Herren, alles Typen der Marke: »Jung-erfolgreich-arrogant-unendlichlangweilig«, weichen nicht von meiner Seite, überschlagen sich mit Komplimenten, versuchen vergeblich, mich mit halblustigen Anekdoten zum Lachen zu bringen oder servieren mir Bitter Lemon und Kaffee.

Immer wieder taucht der Chef auf und gibt den Herrschaften durch einen Griff um meine Taille zu verstehen, zu wem ich gehöre. *Oder wem ich gehöre?*

»Hey Oliver, Alter, verdammt noch mal, wo

treibst du dich rum? Fickst schon wieder irgendeine Schnalle, anstatt deinen Freund zu begrüßen?«

Stefan, die Fotoausrüstung um die Schultern, eine Dose Bier in der Hand, poltert die antike Holztreppe hoch.

»Oha. Wen haben wir denn da?« Er grinst mich an. Aus seinem Mund weht eine Bierfahne. »Soll ich wieder ein paar Fotos schießen?«, lallt er.

Wie gelähmt stehe ich da. Am liebsten würde ich dem Typen links von mir, also Stefan, den heißen Kaffee, und dem Typen rechts von mir, also meinem Chef, die Limonade ins Gesicht schütten. Aber irgendetwas hält mich davon ab. Die Blicke der unendlich langweiligen Kerle, die einen Skandal wittern und sich die Hände reiben über die zu erwartende Aktion? Das bestürzte Gesicht des Chefs? Stolz?

Ich drehe mich nach rechts und flüstere dem Chef ins Ohr: »So. Irgendeine Schnalle. Das bin ich also für Sie. Schön zu hören. Ich wünsche noch einen aufregenden Abend.« Betont aufrecht gehe ich die Treppe hinunter.

»Frau Zimmer. Warten Sie!«

Er will mir folgen, aber Stefan stellt sich ihm in den Weg, fasst ihn an den Schultern und beginnt, sich wort- und gestenreich zu entschuldigen.

Ich gehe einfach weiter. Lächel den Gästen, die mir entgegenkommen, freundlich zu, unterdrücke die Wut, schlucke tapfer die Tränen hinunter, die aus den Augenwinkeln drängen wollen.

Vielleicht hat Stefan ja Recht. Womöglich bin ich wahrhaftig nur irgendeine Fickschnalle für meinen Chef. Keine Schlossherrin. Keine Dame.

Mit hastigen, klappernden Schritten durchquere ich die Steinhalle, verlasse das prunkvolle Gebäude und marschiere in den Schlosspark.

Und jetzt? Jetzt stehe ich da, ohne Jacke, im kurzen

Lederkleidchen, vor allem aber ohne Wagen.

Ich beschließe, mir ein Taxi zu rufen, nach Hause zu fahren, mir ein warmes Bad einzulassen und den Tag abzuhaken. Für das Theaterstück ist es leider zu spät, schade.

Plötzlich fällt mir ein, dass sich mein Handy in der Handtasche befindet, die ich auf dem Ledersofa vor dem Kamin im Salon zurückgelassen habe. Doch nichts in der Welt würde mich da wieder hineinbringen.

Während ich noch über die unglückliche Situation nachgrübel und überlege, ob ich jemanden fragen soll, ob er mich nach Hause fährt, nähert sich ein Auto. Ich erkenne Peter Grossmann. Konfekt-Grossmann, dem ich die Strumpfhose mit dem Loch an der falschen Stelle geschickt habe. Den Teufel werde ich tun und ihn um einen Gefallen bitten. Grossmann steigt aus seinem dunkelblauen Volvo.

»Nanu, Sie wollen schon gehen?«

»Nein. Nur ein wenig frische Luft schnappen.«

»Frau Zimmer?«, höre ich die Stimme meines Chefs von Weitem. »Wo verdammt sind Sie?«

»Um ehrlich zu sein, ich will nicht gehen, ich will kommen«, säusel ich und grinse Grossmann an. Jetzt werde ich ihn doch um einen Gefallen bitten müssen.

»Los, lecken Sie mich. Schnell.«

Grossmann lässt sich nicht lange bitten. Er dreht mich zum Auto herum, legt meinen Oberkörper auf die noch warme Motorhaube, geht in die Hocke und vergräbt das Gesicht unter dem Lederkleid.

»Irgendwann werde ich Sie auch ficken«, stöhnt er, bevor sich die Zungenspitze der Nylonmöse widmet.

Die Finger spielen an meiner Spalte. Der warme Atem, die Hände, die Zunge spenden mir Trost und geilen mich auf.

»Frau Zimmer!«

Ich blicke zur Schlosseinfahrt. Der Chef bleibt

kurz stehen, schaut in alle Richtungen und läuft weiter. Er hat uns nicht entdeckt. Noch nicht.

»Frau Zimmer!«

Dann sieht er uns.

Ich schlucke. Angst, Geilheit, Wut, Rache, Herzklopfen ... Die Gefühle in mir spielen Pingpong.

Grossmann lässt sich nicht stören, sondern leckt einfach weiter. Wühlt in meiner Möse, trinkt meinen Saft, berührt sanft die Klit.

Ich schließe die Augen, fasse ihm ins Haar und drücke ihn näher an mich. »Puh ... jaaaa ... ich komm' gleich!«

Aber der Chef stürmt schneller zum Wagen als der Orgasmus in mein Hirn. Er packt Grossmann unsanft bei den Schultern und stößt ihn von mir fort.

»Hau ab, Peter. Sofort. Zu dir komme ich später.«

Grossmann putzt den Kies von den Knien und macht, dass er davonkommt.

Ich richte mich auf, streiche das Lederkleid abwärts und zupfe daran.

Er stößt mich auf die Motorhaube zurück, schiebt das Kleid wieder hoch und lässt seine Anzughose nach unten gleiten. Langsam wichst er den Schwanz und befiehlt: »Mach die Beine ein bisschen weiter auseinander.«

Ich spreize die Oberschenkel.

Er drängt sich zwischen die Schenkel und stößt zu. Zunächst durch die Strumpfhose. Dann bohrt er mit zwei Fingern ein Loch hinein. Durch das Loch sticht er seinen harten Schwanz ins Mösenloch.

»Du kleine, dreckige Schlampe«, keucht er und hämmert den Prügel in mich. Immer kräftiger. »Du verfickte, leckhungrige Hure.« Er vögelt mich wie von Sinnen. »Du versaute Fickfotze!«

Ein letzter Stoß tief in die Möse hinein. Er stöhnt, spritzt mir den Saft massiv in mein Loch. Viel Saft. Dann zieht er seinen Schwanz heraus, die Hose hoch und knöpft sie zu. Anschließend reicht er mir wortlos die Hand und hilft mir auf.

Ich weiß nicht, was ich sagen soll, also schweige ich besser. Alles, was ich jetzt vorbringe, wird gegen mich verwendet werden.

Er drückt mich an sich, hält mich ganz fest umarmt und küsst mich auf den Mund. »Verdammt, wann kapieren Sie das endlich?«, brummt er. »Sie sind nicht irgendeine Schnalle für mich. Ich will Sie. Für mich.«

Seine Zunge spielt zärtlich mit meiner. »Und jetzt lassen Sie uns wieder hineingehen. Sie erkälten sich sonst noch.

8. Kapitel

Beförderung mit Forderungen

Seit der denkwürdigen Party im Schloss sind drei Wochen vergangen. In dieser Nacht passierte einiges, über das ich im Augenblick noch nicht reden kann. Ich bin mit dem Sortieren der Erlebnisse und Gefühle vollauf beschäftigt.

Mittlerweile arbeite ich nur noch halbtags als Assistentin der Geschäftsleitung, wie die offizielle Berufsbezeichnung lautet.

»Meine Chefsekretärin« klingt um so vieles wärmer und schöner als »Frau Charlotte Zimmer, Assistentin der Geschäftsleitung«.

Die andere Hälfte der Arbeitszeit stehe ich der Firma als Key Account Managerin zur Verfügung. Meine Aufgabe ist es, bestehende Geschäftsbeziehungen auf nationaler und internationaler Ebene zu intensivieren und aktiv sukzessive den Kundenkreis zu erweitern, wobei das Hauptaufgabengebiet in der Neukundenakquise besteht. So steht es zumindest in der offiziellen Stellenausschreibung.

Mein Chef hat mich auf Knien darum gebeten, diese Aufgabe zu übernehmen. »Wissen Sie, ich habe einfach das Gefühl, dass Sie für den Job als Sekretärin überqualifiziert sind. Sie würden deshalb vielleicht früher oder später das Handtuch werfen«, sinniert er, als er mir den Rock hochschiebt, einen Finger in meinen Arsch steckt und mich leckt.

Seine Angst ist völlig unbegründet. Ich fühle

mich nicht unterfordert. Der Chef bezieht mich in die meisten Entscheidungen, die die Firma betreffen, ein und schätzt meine Kreativität und meine unkonventionellen Zugänge, um Probleme zu lösen.

Nein, ich spreche jetzt nicht von simplen Blowjobs oder sensationellen Ficks. Damit löst man höchstens Spannungen, liebe Leser/innen, nicht aber Probleme.

Nach ein paar Tagen Bedenkzeit sage ich zu. Allerdings stelle ich einige Bedingungen.

»Erstens«, ich zähle mit den Fingern mit, um ihm klarzumachen, dass es nicht bei einer Forderung bleiben würde. »Erstens: Keine neue Sekretärin, die meinen Platz einnimmt. Das Sekretariat schaffe ich nebenbei. Ich tippe schließlich wahnsinnig schnell, beherrsche die Kunst der Orthografie und der Stenografie ...«, betone ich augenzwinkernd. »Ein wenig bin ich auch in der Kunst der Pornografie bewandert ...«, ergänze ich noch. »Ich weiß, wie man den besten Espresso kocht und kapriziöse Kunden milde stimmt.«

Er nickt anerkennend. »Und ob. Manchmal beherrschen Sie diese Kunst eine Spur zu erstklassig.«

Ich lasse mich nicht aus dem Konzept bringen. »Zweitens«, ich füge dem Daumen den Zeigefinger hinzu: »Mein Büro beziehe ich direkt neben Ihrem. Drittens: Ich bekomme die lederne Chaiselongue, die wir letztens beim Shoppen gesehen haben. Viertens: Als administrative Unterstützung hätte ich gerne die Carola.«

»Wer ist Carola?«

Ich rümpfe missbilligend die Nase. »Vielleicht sollten Sie endlich die Namen Ihrer Mitarbeiterinnen lernen, Chef. Carola ist die Rothaarige aus der Buchhaltung.«

Er grinst anzüglich. Wahrscheinlich denkt er jetzt an die Nacht im Schlösschen, dabei hieß die

Dame Loreen und hatte schwarzes Haar.

»Na, Frau Zimmer? Auf den Geschmack gekommen?«

Ich weiß, dass er diese Redewendung wörtlich meint.

»Vielleicht. Aber damit hat das nichts zu tun. Sie scheint mir einfach die Tüchtigste und Verlässlichste von allen zu sein.«

Ich atme tief durch, denn nun kam die wesentliche Bedingung für meinen Karrieresprung. »Fünftens und letztens ... Ich bin beim kleinen Finger angelangt: »Zwischen uns soll sich nichts ändern.«

Die Stimme wird jetzt leiser und die Souveränität entwischt durchs offene Fenster. »Chef? Ich möchte auch nach meinem Aufstieg in der Firma Ihre kleine Privatschlampe bleiben. Wann immer Sie ein bisschen Entspannung zwischendurch brauchen oder Inspiration oder einfach eine Pause von der anstrengenden Arbeit: Sie können mich jederzeit benutzen. Lecken. Sich von mir blasen lassen. Mich aufficken. Wie auch immer.«

Er sitzt stumm hinter dem Schreibtisch, öffnet langsam die oberste Schublade und holt ein Päckchen Zigaretten heraus. Er zündet sich die Kippe an, lehnt sich im Ledersessel zurück und betrachtet mich schweigend.

Ich bekomme Zweifel. *Sind meine Forderungen vermessen? Zu unverschämt?* »Bitte«, füge ich hinzu, um die Bedingungen ein wenig weicher wirken zu lassen.

Er nimmt einen tiefen Zug vom Glimmstängel. »Das habe ich ja noch nie erlebt.« Er stößt den Rauch langsam aus und schaukelt ein wenig vor und zurück. »Eine Privatfotze, die Bedingungen stellt.«

Jedes Mal, wenn er mich »Fotze« nennt, zucke ich unwillkürlich zusammen.

Er steht auf, geht um den Schreibtisch herum, nimmt mein Kinn in seine Hand und zwingt mich, ihm in die Augen zu schauen. »Jetzt hören Sie mir mal gut zu, ja?«

Er betont das »Sie«. Ich höre ihm gut zu.

»Das lederne Sofa.«

»Was ist damit, Chef?«

»Sie lassen sich darauf nur lecken, wenn ich dabei bin, verstanden?«

Oha. Er sagt nicht: »Sie lassen sich darauf nur von mir lecken«. Es scheint ihn mächtig anzumachen, wenn ein anderer Mann seine Zunge in mir versenkt. Nachdem er mich auf der Party erwischt hat, als ich mich von Grossmann lecken ließ, ist er erst total wütend und unsicher gewesen. Hat mich auf der Motorhaube hart durchgevögelt und drinnen von seinem Freund verlangt, dass er meine Möse sauber leckt. Sein Sperma aus meiner Möse schluckt. Und er steht daneben und feuert ihn auch noch an. Reibt dabei seinen Schwanz und spritzt mir auf die zerrissene Strumpfhose mit den aufgestickten Blumen. Schade um die schönen Rosen.

»Ja, Chef. Verstanden. Einverstanden. Nur, wenn

Sie dabei sind. Und nur, wenn Sie es erlauben.«

Er blickt auf die Uhr und verlautet mit strenger Stimme: »Es ist dreizehn Uhr, Frau Zimmer. Ihr Halbtag als Sekretärin ist vorbei. Kundengewinnung ist angesagt.«

»Ja, Chef«, wispere ich unterwürfig und eile zur Bürotür.

»Stopp«, ertönt ein barscher Befehl.

Ich bleibe wie angewurzelt stehen.

»Wir erledigen das heute hier. Räumen Sie erst mal den Schreibtisch leer, damit wir Platz für die Arbeit haben.«

Was hat er vor? Das klingt nicht nach dem Verfassen von Anschreiben und ein paar charmanten Telefonaten.

Ich zögere, beschließe dann aber, mitzuspielen. *Jedoch nur, wenn das Spiel nicht zu weit geht,* schwöre ich mir. Neugier und Angst kämpfen in mir. Dabei ist es ein aussichtsloser Kampf für die Angst, denn ich weiß ohnehin, dass die Neugier gewinnen wird. Sie hat die stärkeren Waffen.

✳ ✳ ✳

»So«, sagt er, als ich den ersten, wahrscheinlich leichteren Teil der Aufgabe erledigt habe, »und jetzt ziehen Sie Bluse und Rock aus und legen sich darauf. Also nicht auf Bluse und Rock, sondern auf den Tisch.«

Ich knöpfe gehorsam die Bluse auf, schlüpfe hinaus, falte sie sorgsam und lege sie anschließend über die Lehne des Ledersessels. Den Rock lasse ich einfach zu Boden gleiten. Dann drapiere ich mich — nur in BH und Strumpfhose — lasziv seitlich auf den Schreibtisch und lecke mir über die Lippen.

»Hinlegen, habe ich gesagt«, schnauzt die schroffe Stimme des Chefs und ich zucke zusammen. »Auf den Rücken. Beine spreizen und Hände über den Kopf. Die Herren kommen gleich.«

Die Herren? Mehrzahl?

Die Angst fuchtelt wild mit ihrem Säbel herum, aber aus lauter Nervosität trifft sie nicht. Die Neugier schnalzt mit der Zunge.

»Keine Angst«, beruhigt er mich mit gesenkter Stimme. »Sie tun dir nicht weh. Sie wollen nur spielen.« Er öffnet die unterste Schublade seines Schreibtisches und wirft ein paar Strumpfhosen auf den Tisch.

Ich setze mich interessiert auf. »Welche davon soll ich anziehen, Chef?«

»Liegenbleiben!«, fährt er mich an. »Keine. Die haben ja schon Löcher. Er nimmt eine davon in die Hände, dehnt den Schritt und steckt seine Zunge durch das Loch.

Erst jetzt erkenne ich, dass es sich dabei um eine meiner gebrauchten Strumpfhosen handelt. Eine, die er zerbissen und durch die er mich erst zärtlich geleckt und dann hart gefickt hat.

»Sie bewahren die auf?«, frage ich ungläubig.

»Sicher. Sonst verschicken Sie die wieder mit der Post.«

Ich habe ihm nie verraten, dass ich keines der von uns gebrauchten Exemplare an Grossmann geschickt habe, sondern eine mit zerrissenem Knie.

Die ersten beiden Strumpfhosen wickelt er um meine Fußknöchel und bindet sie lose an den Tischbeinen fest. Mit den beiden anderen macht er dasselbe mit meinen Händen. Er arbeitet sorgfältig, konzentriert und schweigsam.

»Alles in Ordnung, Frau Zimmer?«, flüstert er und küsst mich auf die Stirn.

Da ist sie wieder. Diese Mischung aus kalt-heiß. Erst sein ordinärer Befehlston, der mich jedes Mal unwillkürlich zusammenzucken lässt und gleichzeitig erregt. Dann diese sanfte Stimme, die Sorge um mich. Ich erinnere mich an seine Worte: »Ich werde nie etwas tun, was Sie nicht auch wollen«, und beschließe, ihm zu vertrauen und mich der Situation einfach hinzugeben. Das ist es ja, warum ich diesen Job angenommen habe. Diese Sehnsucht danach, ausgeliefert zu sein. Die Lust, dass jemand über mich bestimmt, verbunden mit der Unklarheit, wer hier tatsächlich das Sagen hat.

Ich fühle mich nämlich keineswegs wie eine unterlegene, mitleiderregende Sekretärinnentussi, die sich schnell mal aufficken lässt. Ich fühle mich wie eine Frau, die weiß, was sie will. Die auch will, was sie noch nicht weiß und die mit Haut und Haar begehrt wird.

Ich nicke. »Ja, Chef«. Diese beiden Worte sind in den letzten Monaten meine Lieblingswörter geworden.

»Heben Sie den Kopf.«

Mit der letzten Strumpfhose — sie riecht noch nach Lust und Gier und Sex — verbindet er mir die Augen und verknotet sie an der Seite, damit sie nicht drückt. Es ist ein ungewohntes Gefühl, eines meiner Sinne beraubt zu sein. Ein aufregendes Gefühl. Plötzlich spüre ich seine Hand zwischen meinen Schenkeln.

»Brav«, lobt er mich, »meine kleine Schlampe ist schon nass. Genial sieht das aus, dieser dunkle Fleck auf dem schwarzen Nylon. Schade, dass Sie das nicht sehen können.«

Ich kann zwar reden, aber die verbundenen Augen geben mir das seltsame Gefühl, nicht nur blind, sondern auch stumm zu sein.

✳ ✳ ✳

»So. Ich werde die Herren jetzt hereinbitten. Sie sind bestimmt schon ungeduldig. Sie auch?«

Ja, ich bin auch ungeduldig. Aber ich werde den Teufel tun und das zugeben. Ich schüttel den Kopf.

»Sie wissen, was Sie zu tun haben, Frau Zimmer?«

Nein, weiß ich nicht. Aber er wird es mir schon sagen. Die Schritte entfernen sich. Klick. Er schaltet die Stereoanlage ein. Die Tür. Dann wieder Schritte. Ich kann kaum noch zuordnen, aus welcher Richtung sie kommen, weil die Musik so laut ist.

Jemand streicht mir durchs Haar. Greift in meinen BH. Knetet meine Brüste, berührt mit einem feuchten Finger meine Brustwarzen, nimmt sie in den Mund, spielt mit der Zunge damit. Dann wieder Hände, die meine Schenkel hochwandern. Kurz bevor sie mein magisches Dreieck erreichen, biegen sie jedoch ab. Eine Zunge in meinem Bauchnabel.

Ich beginne zu fließen. Genieße jede Berührung. Versuche mich am Anfang darauf zu konzentrieren, wer mich wo berührt, werde aber sofort von der nächsten Empfindung überrascht. Eine warme Hand auf meinem Bauch.

Ob wohl Grossmann einer der beiden Herren ist? Stefan bestimmt nicht, der würde es nicht schaffen, seine dämliche Klappe zu halten.

Eine Zunge an meinem Ohrläppchen. Das ist mein Chef, den kann ich riechen. Den kann ich sogar sehr, sehr gut riechen.

Plötzlich ein kühles, glattes Gefühl an meinen Oberschenkeln. Klick. Das Feuerzeug meines Chefs. Jemand steckt es durch das dünne Nylon in meine Möse. Dann warme Finger. In der Möse. In meinem Arsch. Im nächsten Moment wird ein Loch in meine Strumpfhose gebissen. Dann ein »Ritsch«, um es ein wenig größer zu machen. Ein vertrautes Geräusch. Ein vertrautes Gefühl, als die Zunge meine Klitoris berührt. Ein paar Finger spreizen meine Schamlippen.

»Na, wie gefällt euch meine glitschige Büroschlampe?«, fragt mein Chef.

Die Herren sagen nichts.

»Sie liebt es, zu gefallen, nicht wahr?«, fährt er mit Stolz in der Stimme fort.

Ich stelle mir vor, wie sie da stehen, einer rechts, einer links von mir, mich einmal da, einmal dort berühren, was auch immer mein Chef ihnen gestattet.

Ob sie ihre Schwänze schon ausgepackt haben und sich beim Anblick meiner glänzenden Möse die Vorhaut vor- und zurückschieben? Wie sehen sie aus? Ob er Ihnen erlaubt, mich auch zu ficken?

Etwas streicht die Außenseite meiner Beine hoch, meine Hüfte, die Taille, verweilt in meinen Achselhöhlen.

Wahrscheinlich ein Schwanz. Aber wessen Schwanz?

Ich lasse mich einfach in dieses Feuerwerk der Sinne fallen. Etwas Samtiges berührt meine Lippen. Ich schnappe gierig danach. Der Schwanz meines Chefs: Ihn würde ich aus tausend Schwänzen erschmecken. Er schmeckt nach harter Zärtlichkeit, nach behutsamer Begierde und nach vorsichtiger Nähe. Ich lecke den Tropfen aus der kleinen Öffnung in der Schwanzspitze, umschließe den harten Speer mit meinen Lippen, sauge ihn tief in mich ein, lasse ihn langsam herausgleiten, lecke seine Eier, lutsche den Schwanz voller Hingabe und liebe dieses Gefühl, ihm gutzutun.

Das ist es, weshalb ich diesen Job so liebe. Mein Chef soll glücklich und befriedigt sein.

Ich schiebe mit den Lippen seine Vorhaut zurück und fühle ihn in meinem Mund pochen. Mein Herz pocht in meiner Möse.

Daran spielt gerade ein Finger, liebkost mal meine Klit, fickt mal meine Möse. Ich würde gerne schreien vor Lust und Geilheit und weil ich spüre, dass mein Orgasmus im Laufschritt auf mich zueilt. Doch der Schwanz im Mund hindert mich daran.

Die Welle, die kommt, überwältigt mich. Ich bäume mich auf, so gut das eben geht, wenn man mit Strumpfhosen gefesselt ist. Der Schwanz in meinem Mund stößt noch einmal fest zu und zieht sich zurück.

»Los, ihr dürft sie ficken«, fordert mein Chef auf, und wenig später spüre ich, wie ein großer, harter Schwanz durchs Loch ins Loch eindringt. Jetzt, wo mein Hirn schön langsam wieder halbwegs klar denken kann, kommt mir der Verdacht, dass da nicht drei Männer sind, die mich verwöhnen, sondern nur einer. Der, der mir von allen am liebsten ist. Mein Chef. Er packt meine Hüften und lässt seinen Schwanz langsam in mich hinein gleiten. Meine Möse zuckt noch von den Ausläufern meines Höhepunkts. Er hebt mein Becken ein Stück hoch und fickt mich tief und hart.

»So, jetzt du!«, tönt er zu dem ominösen Dritten. »Sollst auch etwas haben von dieser schwanzgeilen Nutte«.

Er zieht seinen Schwanz heraus, kommt zum anderen Ende des Tisches und küsst mich mit Zunge. Wenig später ist wieder ein Schwanz in mir.

»Na, das gefällt dir, Peter, wie? Dass du sie endlich mal nicht nur lecken, sondern auch ficken darfst? Nimm sie ruhig hart ran, sie verträgt das. Kannst ihr ja dann wieder Konfekt schicken zum Dank, da steht sie drauf.«

Der Schwanz bohrt sich tiefer in mich. Plötzlich

bin ich verunsichert. *Peter? Ist das doch nicht der Schwanz meines Chefs, sondern der von Grossmann?* Wie auch immer, wem auch immer, ich dränge ihm mein Becken entgegen und massiere ihn ein wenig mit meinen Beckenbodenmuskeln. Schön ist das, so ein harter, großer Schwanz in mir. So genommen und durchgefickt zu werden. Egal, von wem.

Für diesen Gedanken schäme ich mich sofort. Es ist mir in Wahrheit nicht egal. Ganz und gar nicht. Aber es ist geil. Ein paar harte Stöße noch, dann kommt er. Pumpt seine Lust in meinen Leib. Verweilt reglos noch ein wenig in meinem Körper, bis sein schlaffer Schwanz von selbst herausgleitet.

»So, meine Herren«, sagt mein Chef und klatscht in die Hände. Sie haben Ihren Spaß gehabt, Sie können jetzt gehen.«

Schritte. Die Tür. Schritte.

Mein Chef löst erst die Fesseln von Händen und Beinen, dann bindet er die Strumpfhose von meinen Augen. Er strahlt mich an und stupst mit seinem

Zeigefinger auf meine Nase.

»War es gut?«

Ich strahle zurück. »Puh ...«, säusel ich, »verdammt gut war das«.

»Alles Gute zu Ihrer Beförderung, Frau Zimmer.«

9. Kapitel

Braves Mädchen

Carola, die Rothaarige aus der Buchhaltung und seit kurzem meine Assistentin in meiner Funktion als Key Account Managerin, stellt das Tablett mit Kaffeetasse, Milchkännchen und Zuckerschale auf meinen Schreibtisch. »Wie möchten Sie Ihren Kaffee, Frau Zimmer?«

»Carola.« Ich schaue ihr geradewegs in die Augen. Die sind wach und freundlich. Auf ihrer Nase hockt eine Brille mit dunkelgrünem Kunststoffrahmen, neben ihrer Nase hocken ein paar Sommersprossen. Bei Gelegenheit werde ich sie fragen, ob sie irische Vorfahren hat.

»Ja?«

»Ich möchte das nicht«, sage ich.

»Sie trinken keinen Kaffee?«, fragt sie verblüfft.

»Doch. Vielen Dank für diesen hier. Aber in Zukunft möchte ich nicht, dass Sie das für mich erledigen. Ich bin schon groß und kann mir meinen Kaffee selber machen.«

In meiner Rolle als Vorgesetzte fühle ich mich unbeholfen und unwohl. Ich brauche eine kompetente Mitarbeiterin, keine Dienerin. »Und noch etwas, Carola. Nennen Sie mich bitte Charlotte.«

Sie nickt erleichtert. »Gern.«

»Sie dürfen auch anziehen, was Sie wollen. Von mir aus sogar Jeans, auch wenn unser gemeinsamer

Chef sich bestimmt etwas anderes wünscht. Aber der wird ausnahmsweise nicht gefragt.«

Sie lächelt mich an.

Ich hoffe inständig, sie wird kein Wort von dieser verdammten Schlossparty erwähnen, denn ich weiß nicht, wie ich mich erklären oder rechtfertigen soll.

✳ ✳ ✳

Carola platzte ins Schlosszimmer, als Loreen und ich ineinander verschränkt auf dem Bett lagen, beide in Nylons, ich mit Loch in der Strumpfhose, das Loreen mir gerade herrlich ausleckte.

Der Chef saß im Ledersessel, seinen mittlerweile schlaffen Schwanz in der Hand.

Carola brachte nur »Oh!« heraus.

»Es ist nicht so, wie Sie denken«, stammelte ich. Dabei wusste ich gar nicht, wie sie dachte.

Sie murmelte lapidar »Schade eigentlich« und

bat den Chef, endlich seine jährliche Ansprache zu halten.

* * *

Die Sache mit Loreen ist aufregend und geil gewesen. Nicht mehr und nicht weniger. Sie hat mich danach noch einmal angerufen und zum Essen eingeladen.

»Nur du und ich und mein Mann«, hat sie gesagt. »Er kocht für uns, indisch. Und wenn es uns schmeckt, darf er zuschauen, wie wir uns vergnügen. Aber du kommst allein, ja? Ohne Oliver ...«

Nicht, dass mich das Angebot nicht gereizt hätte. Ich liebe scharfes Essen und auch die Aussicht auf weitere Spielchen mit Loreen war verlockend. Ich sagte trotzdem ab. Zum Teil, weil ich es wie Verrat an meinem Chef empfunden hätte, ohne ihn und ohne sein Wissen zu und bei Loreen zu kommen. Zum Teil, weil Loreen etwas sehr Hartes ausstrahlte.

Etwas, das mir nicht nur ein Kribbeln, sondern auch ein unerklärbares dunkles Gefühl im Bauch verursacht. Wir sind nicht auf Augenhöhe. Nicht nur, weil sie einen Kopf größer ist als ich. Sie wirkt so viel selbstsicherer, sie hat so viel mehr Erfahrung als ich mit solchen Dingen, für sie scheint das alles nur ein läppisches Spiel mit der Lust.

Für mich ist es mehr. Ein Spiel mit meinen Grenzen. Wenn ich dieses Spiel mit ihr spiele, fühle ich mich unterlegen. Gegen sie komme ich mir wie eine Anfängerin vor.

Bin ich ja auch, was körperliche Liebe mit Frauen betrifft.

✳ ✳ ✳

Die Zusammenarbeit mit Carola klappt von Anfang an problemlos. Sie ist liebenswert, intelligent und arbeitet zuverlässig und selbstständig. Mit einem warmen Lachen auf den Lippen betritt sie in der Früh das Büro und flutet es mit Sonnenschein. Sie ist mit Freude und Hingabe bei der Arbeit. Schon nach kurzer Zeit habe ich das Gefühl, ich kann ihr vertrauen.

Sie hat nur eine Schwäche. Carola hat ein seltsames Gespür dafür, in unpassenden Momenten Zimmer zu betreten. Vor ein paar Tagen steht sie plötzlich in der Tür zum Chefbüro, als ich gerade mit roten Wangen und weißverschmiertem Gesicht unter dem Schreibtisch des Chefs hervor krieche. Ich habe sie gar nicht kommen hören, weil ich mich ausschließlich dem Kommen des Chefs gewidmet habe.

»Oh!«, sagt sie wieder.

»Es ist nicht so, wie Sie denken«, antworte ich, richte mich auf und streiche meinen Rock glatt.

»Natürlich nicht«, meint sie diesmal.

Als wir wieder in meinem Büro sind, setzt sie sich an den Computer und tippt Zahlen in die Excel-Tabelle.

»Was ist er eigentlich für dich?«, fragt sie, ohne aufzuschauen.

Ich zucke die Achseln. *Was ist er für mich? Chef, Liebhaber, Geliebter, Affäre, Freund, Inspiration, Herausforderer, Reibebaum ...*

»Ein Geschenk«, antworte ich kurz angebunden und Carola fragt nicht weiter.

Wir sprechen überhaupt wenig Privates miteinander, was einerseits daran liegt, dass wir genug zu tun haben. Andererseits vielleicht aber auch daran, dass wir einander nach der Situation im Schloss nicht so recht einordnen können.

Merkwürdigerweise entsteht trotzdem so etwas wie eine stille Freundschaft zwischen uns. Sie ist Mitwisserin und ich weiß, dass mein Schlossgeheimnis bei ihr gut aufgehoben ist. Auch wenn wir nicht unsere Befindlichkeiten voreinander ausbreiten, wie Freundinnen das so oft tun, spüren wir instinktiv, wie es der anderen geht und sind für sie da. Ebenfalls auf eine stille, unaufdringliche Art.

✳ ✳ ✳

Einmal kommt sie mit dunklen Augenringen ins Büro. Zwar dezent überschminkt, aber gleichzeitig unübersehbar.

»Wie sehen Sie denn heute aus, Carola?«, fragt der Chef in einer Mischung aus männlicher Hilf- und Taktlosigkeit. »Na, gestern zu lang gefeiert?«

Sie nickt dankbar. Sie hat anscheinend keine Lust, etwas zu erklären.

Gar nicht gefeiert, denke ich. *Sie hat die ganze Nacht geweint. So sieht nur eine Frau aus, die sich die Augen aus der Seele geheult hat.* Dieser Anblick ist mir aus meinem Badezimmerspiegel vertraut.

Und warum heult eine Frau die ganze Nacht? Weil ihr Partner sie a) betrogen oder b) verlassen hat. Meistens in dieser Reihenfolge.

Ich beobachte sie aus den Augenwinkeln. Carola

arbeitet auch an diesem Tag konzentriert und eifrig, aber ihr Blick wandert immer wieder in die Ferne, so, als müsse sie ihre ganze Energie aufwenden, nicht loszuschluchzen. Das Foto ihres Lebensgefährten auf dem Schreibtisch fehlt heute.

Ich setze mich auf den Ladencontainer seitlich von ihrem Schreibtisch. Ich will sie gerne tröstend berühren, ihr durch das lockige Haar streichen, aber meine Hand hält kurz davor inne. So gerne ich mich an Grenzen bewege und sie überschreite, hier und heute will ich das nicht tun. Meine Finger greifen nur behutsam nach einer Locke und ringeln sie ein und wieder aus. Ihr Haar ist weich und glänzend und riecht nach Rosmarin.

»Wenn du darüber reden möchtest, Carola, dann hör ich dir zu, ja?«

Sie nickt und schüttelt gleichzeitig den Kopf. Im nächsten Augenblick öffnen sich die Schleusen. Sie legt ihre Brille auf den Schreibtisch, den Kopf in beide Hände und weint ihr Unglück tonlos heraus.

Dazwischen immer wieder ein tiefer, gequälter Schluchzer.

»Komm mal her, du.« Ich greife ihre Hand und ziehe sie zu mir. Sie lässt es geschehen, steht auf, drehte sich zu mir und lässt den Kopf auf meine Schulter sinken. Ich drücke sie an mich, eine Hand auf ihrem Rücken, die andere an ihrem Kopf. Ich fühle, wie sie am ganzen Körper bebt.

»Scheiß Typ«, brumme ich.

»Wer jetzt?«

»Ach, alle. Erst kriechen sie in unsere Körper, dann in unsere Gedanken und schließlich in unsere Herzen. Dort schlagen sie dann das Porzellanservice kaputt.«

»Das mit dem Porzellanservice war nicht er«, schluchzt sie. »Ich hab es ihm nachgeworfen.«

»Pst, nicht mehr weinen.« Ich lege ihr einen Finger auf die Lippen. »Ich schenk dir zu Weihnachten ein neues Service.«

Ich weiß nicht mehr, wie es geschieht, aber auf

einmal berühren ihre Lippen meine. Und meine ihre. Wir wagen nicht, uns zu bewegen. Ich genieße einfach diese weichen Lippen und dieses wohlige Gefühl, ihren warmen Körper an meinen gedrückt. Wie gerne hätte ich diesen Moment konserviert. Zwischen zwei Blätter Löschpapier gepresst und ins Poesiealbum geklebt, für dunkle Winterabende.

Minuten später — oder sind es Stunden? — lösen unsere Lippen sich voneinander, um Atem zu holen.

»Oh«, sagt sie. »Es ist nicht so, wie ich denke, oder?« Dabei lächelt sie mich an.

»Nein. Es ist nicht so. Es ist ... ganz anders ... es ist für mich das erste Mal, Carola«, flüster ich und wir kichern beide wie Schulmädchen, die man soeben beim Rauchen erwischt hat.

Es ist keine Lüge, das mit dem ersten Mal. Carola spürt das hoffentlich auch. Das Abenteuer mit Loreen war Lust und Laster gewesen. Ein Rausch. Hemmungsloses Betrinken aus der Flasche. Jetzt nippe ich am wertvollen Champagner aus einer ebenso wertvollen Champagnerschale, sorgsam darauf bedacht, keinen Tropfen zu verschütten.

Mein Mund sucht ihren. Er ist jetzt ein bisschen mutiger, meine Zunge leckt sanft über ihre Lippen. Die Zunge ist auf der Hut, zum jederzeitigen Rückzug bereit, wenn sie merkt, dass die Lippen ihr gegenüber oder der Körper in meinen Armen auch nur einen Hauch von Ablehnung signalisiert.

Aber das passiert nicht, ganz im Gegenteil. Ihr Körper presst sich fester gegen meinen — Löschpapier würde nun keines mehr dazwischen passen — und ihre Zunge kommt meiner langsam entgegen.

Ich sitze immer noch auf dem Ladencontainer, sie steht vor mir. Meine Beine habe ich um ihre Oberschenkel geschlungen. Ein Stromstoß jagt durch meinen Körper, als sie mit meiner Zunge zu spielen beginnt. Ich schließe die Augen, gebe mich ganz diesem Gefühl hin. Unsere Münder erforschen Lippen und Zungen. Eine meiner Hände streicht zärtlich über ihr Haar, die andere streichelt ihren Rücken und bleibt schließlich auf ihrem Po kleben. Ein schöner, straffer Hintern ist das, trotzdem sehr weiblich, ganz anders als der von Loreen. Alles an Carola ist weich und warm.

Ihre Hände kriechen unter meine Bluse, öffnen den BH, streifen die Träger von meinen Schultern, ziehen ihn unter der Bluse hervor und legen ihn auf den Tisch. Sie stößt mich ein Stück von sich, nur so weit, dass sie meine Brüste berühren kann, nimmt sie ihn ihre Hände, wiegt sie sanft. Unser Kuss wird drängender, dringender, suchender, wir können nicht voneinander lassen.

Die Grenze ist überschritten, das fühlen wir beide. Wir können nicht mehr zurück. Wir wollen nicht mehr zurück.

Sie öffnet die Knöpfe meiner Bluse. Ich helfe ihr ein wenig dabei, sie mir auszuziehen. Dann wandern ihre Lippen zu meinem Ohr, knabbern an meinem Ohrläppchen, küssen meinen Hals, lieben sich ein Stückchen tiefer, bis sie bei meiner Brust ankommt.

»Du hast wunderschöne Brüste«, haucht sie. Berührt sie erst mit den Fingerkuppen, umkreist meine Brustwarzen, leckt abwechselnd an der einen, dann an der anderen, lutscht sie. Erst jetzt wird mir bewusst, wie gut das tut. Wie die Feuchtigkeit sich in mir breitmacht, während sie mich liebkost.

Mein Chef legt keinen allzu großen Wert auf diese Teile meines Körpers. Für ihn gibt es nur ein Ziel. Meinen Schoß.

Trotz der Lust, die mich gerade überschwemmt, fällt mir auf, dass diese Lust eine ganz andere ist, als die, die ich mit meinem Chef teile. Ich denke plötzlich in Fingerspitzen, Brüsten, Rundungen und schmiegender Haut, nicht in gierigen Stößen und Fickschlampen.

»Hände hoch oder ich küsse«, necke ich sie, und als Carola beide Hände nach oben streckt, ziehe ich ihr das Jeanskleid über den Kopf, öffne ihren BH und lasse beides einfach auf den Boden gleiten.

Danach küsse ich sie trotzdem. Jetzt will ich sie nur noch trösten und mich auch. Die ganze Welt will ich trösten und umarmen und küssen und nehme stellvertretend für die ganze Welt Carolas Brüste in die Hände und ihre Brustwarzen in den Mund, sauge mich an ihnen fest. Keine Zweifel mehr. Nur Geborgenheit. Sehnsucht. Wollen. Eins-Sein.

»Ich will dich nackt, Carola.«

»Ohne Strumpfhose? Sicher?« Wieder dieses klickernde Kichern.

Woher weiß sie von der Affinität, die ich mit meinem Chef teile? Von der Szene im Schloss?

Sie antwortet, bevor ich diese Frage überhaupt noch stellen konnte. »Ich bin vorgestern in sein Büro gestürmt, weil er mir die falschen Zahlen gegeben hatte. Ich dachte, er wäre nicht da.«

Gut, diese Begabung von ihr kannte ich nun ja schon.

»Er stand am offenen Tresor und schnüffelte an deinen gebrauchten, zerrissenen Strumpfhosen.«

Ich lache. »Ja, ich will dich ganz nackt. Ich möchte jeden Zentimeter Haut von dir entdecken. Komm, lass uns da rüber aufs Sofa gehen. Ich muss nur noch kurz jemanden anrufen.«

Als sie unseren Chef erwähnt, fällt mir nämlich wieder das Versprechen ein, das ich ihm gegeben habe, als ich die Chaiselongue aus Leder bekam. *Niemals ohne sein Wissen und Beisein,* habe ich versprochen. *Ich halte meine Versprechen für gewöhnlich ein.*

Ich nehme mein Handy und drücke auf die Eins. Eins wie Chef.

»Hallo?«

»Hallo. Ich bin's, Chef.«

»Ich weiß.«

»Können Sie mal kurz zu mir rüberkommen?«

»Oha. Hat meine kleine Privatschlampe Lust auf einen schnellen Fick mit mir?«

»Nein.« Lust habe ich wohl, aber ich fühle mich gerade weder wie eine Privatschlampe, noch will ich einen schnellen Fick, und im Moment auch nicht mit ihm. »Kommen Sie einfach, ja?«

»Zu Befehl, Frau Sekretärin.«

Carola sieht mich mit großen Augen an. Sie sitzt auf dem Sofa und zieht sich gerade die Strumpfhose über die Knöchel. Ich setze mich zu ihr, schlüpfe ebenfalls aus meiner Strumpfhose und streiche ihr durchs Haar.

»Keine Sorge, nur du und ich.« Dabei weiß ich nicht einmal, ob der Gedanke an Sex mit mir und dem Chef sie tatsächlich mit Sorge erfüllt. Ich streichel ihr über den Bauch und ziehe mit Daumen und Zeigefinger die lange Narbe nach.

»Kaiserschnitt«, raunt sie. »Lotta wird nächste Woche fünf.«

Mir fällt wieder ein, dass ich kaum etwas über ihr Privatleben weiß. Ich spüre ein leichtes Ziehen in meinem Herzen. Vielleicht ist es doch keine gute Idee gewesen, mich gegen Kinder zu entscheiden. Meine Zunge beschreitet den Weg, den gerade meine Finger gegangen sind, die Narbe entlang.

»Du bist wunderschön, Carola.«

Die Tür geht auf und der Chef tritt ins Zimmer. Carola und ich sehen erst ihn, dann einander an.

»Es ist nicht so, wie Sie denken«, sagen wir wie aus einem Mund und brechen in schallendes Gelächter aus.

Jetzt ist er es, der »Schade« murmelt.

»Setzen Sie sich dort hin.« Ich deute mit dem Kopf auf den Stuhl, den ich extra für ihn in zwei Meter Entfernung vom Sofa platziert habe. »Auch wenn es Ihnen schwerfällt: Schweigen Sie bitte. Zerstören Sie nicht den Zauber dieser Situation. Und fassen Sie nichts an.«

Er sieht, dass es mir ernst ist und nickt.

Meine Aufmerksamkeit gilt jetzt wieder Carolas Körper. Wir küssen, streicheln, lecken, knabbern an beinahe allen Stellen unserer Körper. Hände, die in Haaren wühlen, Finger, die Zwischenräume entdecken, Zungen, die in Bauchnabel eintauchen, Haut, die an Haut schmiegt.

Nur eine Stelle lassen wir aus, wagen wir nicht zu berühren. Zu geheimnisvoll, zu anziehend, zu verlockend ist sie. Wir wollen den Genuss noch ein wenig hinauszögern, die Vorfreude auskosten, bevor wir vom Wertvollsten kosten.

Der Chef hat seinen harten Schwanz herausgeholt und reibt ihn langsam mit der Hand.

»Nichts anfassen, hab ich gesagt. Sie wissen schon, was das Wörtchen nichts bedeutet, oder?«

Er hört auf sich zu berühren, lässt seinen schönen, großen, harten Schwanz aber draußen und begnügt sich mit Beobachten.

»Darf ich dich lecken?«, frage ich Carola. Ihre Augen funkeln »ja«, sie lehnt sich an, stellt die Knie auf und spreizt die Beine. Ich bin unsicher, will nichts falsch machen, knie mich zwischen ihre Beine und atme den Duft ihrer Möse ein. Dabei achte ich darauf, dass auch mein Chef gute Sicht hat.

Ich strecke ihm meinen Hintern entgegen, schaue kurz in seine Richtung und lächel ihn an. Ich widme mich wieder Carola. Ihre Spalte glänzt einladend. Ich zähle bis zehn. Dann berühre ich nur mit der Zungenspitze ihre Schamlippen, taste mich behutsam vor, spiele ein wenig an ihrer Klit, tauche meine Zunge ganz langsam in ihr Loch, alles ist glitschig und nass und bereit.

Im nächsten Moment umschließe ich ihre gesamte Scham mit meinem Mund und sauge ein wenig daran. Es schmatzt. Ich bekomme eine leise Ahnung davon, wie es meinem Chef geht, wenn er mit seinem Kopf zwischen meinen Beinen ist und mich leckt. Der Geruch, der Geschmack, die Konsistenz, alles schreit: Nimm mich! Besitz mich! Aber ich will sie nicht besitzen. Ich will sie nur verwöhnen und ein wenig trösten.

Es geht nicht um meine Befriedigung, es geht jetzt ausschließlich um Carola. Meine Hände umfassen ihr Becken und ziehen sie näher zu mir. Sie stöhnt. Meine Zunge spielt jetzt ganz sanft an ihr, dringt mal da, mal dort ein. Ich sauge an ihr und lecke, fühle, wie es in ihr pocht, sie sich mir fester entgegendrängt.

Ich kenne diese Bewegungen, genieße es, spüre, dass sie bald soweit ist. Ich habe sie in meinem Mund, als sie kommt, streiche ein letztes Mal unendlich sanft über ihre Perle. Sie schreit. Ich löse meine Lippen von ihrer Scham, lege meinen Kopf auf ihren Schoß, genieße die Ausläufer ihrer Wellen und streichel mit der Hand über ihren Bauch.

»Braves Mädchen«, flüstere ich. »Alles wird gut.«

Mein Chef sitzt noch immer bewegungslos im Sessel, die Hände artig auf den Oberschenkeln, sein Schwanz ist hoch aufgerichtet.

»Wie soll es jetzt weitergehen mit uns?«, fragt Carola nach Minuten, ihr Atem wird langsam wieder gleichmäßiger, mein Kopf liegt noch immer auf ihrem Schoß. »Also beruflich?«

Ich zucke ein wenig ratlos die Schultern. Daran habe ich nicht gedacht. »Ehrlich gesagt, ich weiß es nicht.« Verlegen stehe ich auf, hole das Kleid von ihrem Schreibtisch und decke sie damit zu. »Ich schlage vor, du kommst morgen früh einfach ganz normal zur Arbeit. So wie ich. Und dann arbeiten wir ganz normal, so wie in den letzten Wochen auch. Du musst wissen, Carola, ich bin sonst nicht so.«

Nachdem sie wieder bekleidet ist, umarmen wir uns noch einmal ganz fest. Ich inhaliere ein letztes Mal den Duft ihres Rosmarinhaars. Sie steht da im Jeanskleid, ich nur mit der anthrazitfarbenen Strumpfhose mit Löchern, die ich mir eben angezogen habe. Wir küssen uns auf den Mund, immer noch unsagbar zart.

»Ich möchte, dass du eines weißt, Carola.«

»Ja?«

»Ich bereue nichts. Es war wunderschön.«

✳ ✳ ✳

Als Carola gegangen ist, setze ich mich ohne etwas zu sagen auf den Schoß meines Chefs, der die Szene die ganze Zeit beobachtet hat. »Sie dürfen mich jetzt ficken.«

Weitere Bücher

Heart over Head-Reihe

Drei Frauen auf der Suche nach der Erfüllung
ihrer (sexuellen) Träume.
Die Bücher der Heart over Head-Reihe
sind in sich abgeschlossen
und können unabhängig voneinander
gelesen werden.

Heart over Head — Passion
Heart over Head — Desire
Heart over Head — Obsession

Heart over Head - Passion

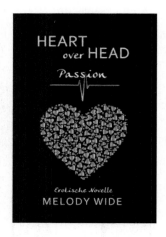

Das Leben der 22-jährigen Kunststudentin Emilia Hayes
könnte nicht besser sein.
Sie wohnt seit kurzem mit ihrer großen Liebe Marc Hansen
in einem luxuriösen Penthouse in der Hamburger-Hafencity.
Wenn ... ja, wenn da nicht ihr verkorkstes Liebesleben,
die sexuellen Hemmungen wären.
Das muss sich ändern!
Der Startschuss zu einer erotischen Selbstfindungsreise,
auf der sie ungeahnte Wege einschlägt.
Ein leidenschaftlicher Strudel aus Liebe,
Verzweiflung und Begierde.
Ein Gefühlschaos,
an dessen Ende sie sich entscheiden muss.

Heart over Head - Desire

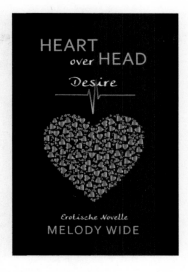

Die junge Philippa Lehmann ist seit kurzem
Marketing-Leiterin in einem renommierten
Hamburger Konzern, als sich hoher Besuch ankündigt:
Der Europa Direktor aus San Francisco, Jayden Miller,
leitet für eine Woche ein wichtiges Projekt
in dem Tochter-Konzern.
Eine leidenschaftliche Affäre entbrennt
zwischen Philippa und dem charmanten Jayden.
Doch bleibt das Geheimnis unentdeckt
und welche Rolle spielt die PR-Leiterin Lea Bauer dabei?
Ist es nur ein erotisches Abenteuer
oder sind am Ende echte Gefühle mit im Spiel?

Heart over Head - Obsession

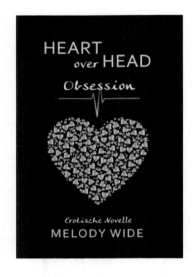

In einem Edel-Club begegnet die verheiratete Christin
dem unkonventionellen Studenten Niklas.
Hals über Kopf stürzt sie sich
in einen One-Night-Stand.
Während ihr Ehemann auf Geschäftsreise ist,
gerät sie mehr und mehr in einen faszinierenden Strudel
aus Leidenschaft und Begierde.
Christin nimmt sich, was sie braucht.
Hemmungslos erliegt sie ihren Trieben.
Am Ende der turbulenten Woche
muss sie sich entscheiden:
Affäre, Ehemann oder beides?